考え、議論したく なる！

道徳授業 教材プリント

小学校編

JN055409

☀ 学芸みらい社

はじめに

2018年度より道徳が教科化され、「特別の教科である道徳」となり、道徳授業が正式に行われるようになりました。

あえて「正式に」というのは、それまでにおいても、道徳授業は行われていたからです。しかし、テスト返却の時間とか、学級のきまりごとを話し合う時間とか、そういう雑多な時間として使われてしまっていました。

教科化されてからは、そういうわけにはいきませんので、きちんとした授業がなされるようになりました。現在の道徳教育では、発達の段階に応じ、答えが一つではない道徳的な課題を一人一人の児童が自分自身の問題と捉え、向き合う『考える道徳』『議論する道徳』へと転換を図る方針が文科省より示され、取り組みが進められています。

では、実際に行われている道徳が、よりよいものになっているのか……と考えてみると、なかなか難しいところではないでしょうか。

というのも、多くの場合、「1時間で1つの内容項目を扱う」というようなスタイルで授業が構成されているからです。

たとえば、内容項目の1つに「規則の尊重」があります。これは、「社会生活を円滑に営むためには、社会で決められた規則や規範を守らなければならない」とするものです。教材としては、「きまりを守ることの大切さ」に気づかせるような内容が扱われます。

多くの場合では、価値観の確認にとどまってしまって、議論に至るほどの話し合いにはなりません。なぜなら、子どもたちは「きまりを守ることは大切だ」ということについて、ある程度わかっているからです。扱われる資料には、ねらいがよくわかるように書かれています。すると、子どもたちは、教材の「おもわく」を見抜いて、教師の求める答えを考

えたうえで発言します。教わることを素直に受け入れ、同調します。懺悔や反省、お説教の時間で終わってしまうこともあります。子どもは受け身になってしまっており、これだけでは道徳心は具体的な形となって身に付けられないといえるでしょう。

　そこで本書が注目するのが、アメリカの心理学者ローレンス・コールバーグが提唱した「モラルジレンマ」の授業づくりです。

　コールバーグは、「善いことやや正しいことを考える背景には、どのような思考の形式があるか」について研究を行いました。ある事柄に対して、私たちは「正しい」「間違っている」というように判断しますが、その背景にある理由付けを探ると、そこには思考の発達的な構造があることを明らかにしたのです。

　この道徳性の発達段階は、世界中に衝撃を与えます。日本でも、「モラルジレンマ学習」として広まりました。

　討論を中心に据えているこの実践は、道徳の内容を教えるというよりも、「思考そのもの」を発達させることに焦点を当てた新しいアプローチとなったのです。

　たとえば、「規則の尊重」では、「時間を守ることの大切さ」を学んだとします。しかし、「急に小さな妹の面倒を見なくてはならなくなった」（家族愛、家庭生活の充実）という状況であっても、時間を守るべきといえるでしょうか。

　互いに相反する価値が生じたとき、そこには葛藤が生まれます。

　子どもたちは、それぞれに行動を選択します。

　同時に、なぜその行動を選んだのか、理由を考えます。

「登場人物はどうするべきなのか」を自分ごととして捉えて、話し合い

に参加します。このとき、既にわかっていると思っていた内容項目について、改めて自分なりに捉え直すようになるのです。

　ここまで議論ができてこそ、本当の意味で「道徳を学んだ」といえるのではないでしょうか。


　ただ、このようなモラルジレンマ学習の授業をやるためには、1つの課題がありました。

　それは、「教材がほとんど見当たらない」ということです。

　前述の通り、教科書では、1つの内容項目に応じる形で教材が設定されており、「葛藤」は描きにくいのです。

　そこで本書では、複数の内容項目を含む物語文をつくり、新しいジレンマ教材の作成に取り組みました。低学年、中学年、高学年において、1つ1つの内容項目に応じる形で、それぞれに相反するような内容項目を掛け合わせて、ジレンマ教材としました。

　本書はワークシート形式ですので、そのままコピーして使用することができます。また、各教材にQRコードを添付しているので、読みこんだうえでプリントアウトし、印刷することも可能です。


　本書は、次のような流れで使用します。


> ①教科書で内容項目について学ぶ
> ②内容項目が相反する教材を読み話し合う


　この2段階を経て、葛藤する授業をつくります。
　教科書の学びに加える形で使用してください。

モラルジレンマ学習は、子どもにとっても、教える教師にとっても、魅力的なものです。討論が展開されるなかで、広く子どもの思考に耳を傾けることができるものです。

　それまで気がつかなかったような子どもたちの多くの一面を見ることができ、驚きと新しい発見をすることになるでしょう。

　子どもたちが議論を重ね、道徳性を1段階高めていく。

　そんな価値ある授業を、一緒につくってみようではありませんか。

**目次**

※各学年の教材は、学習指導要領の内容項目の順に並んでいます。

# 1章 モラルジレンマ学習とは?

# 2章 教材プリント

**低学年編**

# 1章

モラルジレンマ学習とは？

## ■ モラルジレンマ学習とは？

　本書では、話し合いを中心にすすめる道徳授業を推奨します。

　その元となる考え方が、モラルジレンマ学習です。

　モラルジレンマ学習は、アメリカの心理学者コールバーグが提案した道徳性認知発達理論に基づく学習方法です。

　道徳的葛藤を扱い、集団での討論によって解決に導く過程を通して、子どもの道徳的判断を育成し、道徳性をより高い段階へと高めていきます。

　モラルジレンマ学習では、ジレンマ資料が用いられます。ジレンマ教材は、オープンエンドの形で投げかけられる道徳的な価値葛藤の物語です。

　例として、コールバーグが実験で使用した「ハインツのジレンマ」の話を見てみましょう。

---

　ヨーロッパで１人の女性がガンで死にかかっていた。ある薬を飲めば彼女は助かるかもしれなかった。その薬というのはラジウムの一種で、同じ町に住む薬屋が最近発見したもの。薬屋は、つくるためにかかった10倍の値段の2000ドルの値をつけていた。

　病気の女性の夫のハインツは、あらゆる知人からお金を借りてまわったが、薬の値段の半分しか集められなかった。彼は薬屋に彼の妻が死にかかっていることを話し、薬を安く売るか、または後払いで売ってくれるように頼んだ。しかし薬屋は承知しなかった。

　ハインツは絶望的になって、妻を助けるために、薬屋の倉庫に押し入り、薬を盗んだ。

　ハインツはそうすべきだっただろうか。どうしてそう思うのか。

---

　この状況では、現在の道徳の観点から見てみると、学習指導要領で提示されている内容項目でいうところの「家族愛、家庭生活の充実」と「規

則の尊重」、両者の価値の葛藤が生じています。

　どちらか一方の価値を選べば、どちらかを犯すことになってしまいます。

　たとえば、「家族愛、家庭生活の充実」を重視すれば、妻の命は守られるけれども、盗みをはたらくことで法を犯すことになります。

　一方で、「規則の尊重」を重視すれば法は犯さないものの、妻を死なせてしまうことになることでしょう。

　このような葛藤場面に出合ったときに、子どもは「どれが正当であるのか」が即答できません。このような内容項目の葛藤する教材を用意して、子どもにとるべき行動を選択させ、それぞれの選択した理由を話し合わせるような授業をつくる。これが、モラルジレンマ学習の授業づくりです。

家族愛、
家庭生活の充実

規則の尊重

　モラルジレンマ学習の授業は、道徳的な問題に対する子ども達の感受性を高めます。また、自分の意見と矛盾する見方と出会うことで、他者の立場から問題を見つめ直したり、社会的な見通しに立って問題を考えたりする機会にもなるのです。

## 道徳性の6段階

　コールバーグは、「ハインツのジレンマ」の資料を用いて、世界各国で道徳性の発達段階を検証しました。検証の結果、道徳性には、世界共通で「段階がある」ということがわかりました。

　コールバーグは、「行動それ自体」に対して、道徳的か不道徳的かということを求めませんでした。なぜなら、ある状況下で道徳的といわれても、別の状況下では道徳的でないとされることがあるからです。

　コールバーグは、「道徳的な要素は、なぜ人がそのように行動するようになったかを、人が説明しようとするときに表れる」としています。つまり、与えられた状況で、その人の何がその人の行動を正当化しているのか、ということです。

　コールバーグによれば、道徳的なものの見方・考え方は、6段階に分けられており、第1段階から段階的に発達していくとされています。たとえば、「これをやると、ひどい罰を受けるからやめておこう」と考えていた子どもは、「これをやると、自分の欲求が満たされるからやろう」となり、さらに「これをやると、周りが喜ぶからやろう」というようにして、段階的に発達していくとするのです。

　道徳性の段階は、次の6つから成り立つとされています。ハインツのジレンマに対するそれぞれの回答とともに確認してみましょう。

---

**第1段階**

**懲罰志向「叱られるから○○するべきだ」**

　罰や制裁を回避し、権威に対して自己中心的に服従することが正しいとされる。行為がもつ心理的・人間的意味ではなく、物理的結果が善悪を決める。

「薬を盗むべきだ。とった薬はたったの200ドル分で、悪いことではないのだから。」

「薬を盗むべきではない。つかまったら牢屋に入れられてしまうから。」

---

## 第2段階

### 快楽志向「利益が得られるから○○するべきだ」

自分の欲求、時に他者の欲求を道具的に満たすことが正しい行為で、自分自身の利益や欲求に合うように行動することが正しいとされる。

「薬を盗むべきだ。薬を盗む以外に、妻を助ける方法がないのだから。」

「薬を盗むべきではない。商売とはもうけるためのものであるとすると薬屋は悪くないし、まちがっていないのだから。」

## 第3段階

### よい子志向「人に認められるから○○するべきだ」

他者から期待されるよい役割を遂行することが正しいとする。他者から認められ、他者を喜ばせたり助けたりすることに志向する。

「薬を盗むべきだ。よい夫ならする当然のことをしているだけなのだから。」

「薬を盗むべきではない。薬屋が悪いのであり、夫は妻が死んでも責められないのだから。」

## 第4段階

### 法と秩序志向「決まりだから○○するべきだ」

全体としての社会システムを維持することが正しいことであり、そのために社会における義務や責任を果たし、権威を尊敬し、与えられた社会秩序を保つことに志向する。

「薬を盗むべきだ。何もせず妻を死なせてしまったら、妻の死は彼の責任になるのだから。」

「薬を盗むべきではない。妻を救いたいのは当然なことだが、盗むのは法律違反だから。」

第5段階

## 社会的契約志向「みんなの幸福のために○○するべきだ」

　一般的な個人の権利と幸福を守るために社会全体によって吟味され一致したものとしての基準に従うことが正しいことであるとする。個人や集団によって価値は相対的であることに気づいていて、一致に達するための手続きを強調し、最大多数の最大幸福に志向する。

「薬を盗むべきだ。この状況で薬を盗むことは正しくないが、命を救うことで正当化されるから。」

「薬を盗むべきではない。極端な状況であっても、法律違反をすることは、人の不幸につながるから。」

第6段階

## 普遍的な倫理的原理志向「人間の原則に従って○○するべきだ」

　自ら選択した倫理的原則に従うことが正しいことである。特定の法や社会的合意は、この原則に基づいている場合は妥当と考えられるが、法がそれらの倫理的原則を犯す場合には、倫理的原則に従って行動することを志向する。

　コールバーグは、この段階を代表する人物として、キリスト、ソクラテス、ブッダ、孔子、リンカーン、キング牧師を挙げている。

「薬を盗むべきだ。盗むか妻を死なせるかを選択する状況であり、彼は、生命を保護し尊重するという原理に従って行動しなければならないから。」

「薬を盗むべきではない。彼の妻と同じくらい病気がひどく、薬を必要としている他の人もいるかもしれず、夫は、困っているすべての生命の価値を考えて行動しなければならないから。」

　この段階の上位になればなるほど、「より適切な道徳判断」をもっているということになります。モラルジレンマ学習は、「6段階の上部分への移行を促すことである」と定義されています。子どもは、6つの段

階を1つ1つ昇っていくものであり、飛び越えて発達することはありません。また、上昇はあれども、下降していくことはないものです。この発達は、非常にゆっくりなものであって、年単位で進んでいくとされています。

| ⑥普遍的な倫理原則志向 | 「人間の原則に従って○○するべきだ」 |
|---|---|
| ⑤社会契約志向 | 「みんなの幸福のために○○するべきだ」 |
| ④法と秩序志向 | 「決まりだから○○するべきだ」 |
| ③よい子志向 | 「人に認められるから○○するべきだ」 |
| ②快楽志向 | 「利益が得られるから○○するべきだ」 |
| ①懲罰志向 | 「叱られるから○○するべきだ」 |

道徳性の6段階

　ただし、注意点があります。より高い段階で「道徳的な判断」ができるからといって、「道徳的な人になれる」というわけではありません。

　たとえば、自らの主張を通すために、犯罪行為に及ぶ人がいたとします。その主張が、「世界平和の大切さに気づいてほしかった」というものだとすれば、段階でいうと、5段階「社会契約志向」ということになります。ただ、高い段階ではありますが、その人が「道徳的な人間である」とは言い難いでしょう。

　つまり、ここでいう段階は、子どもの思考の形式や構造を表すものなのです。段階の上位になれば、その人なりに「より適切な判断」をもって行動できるものの、客観的に見て道徳的であるかどうかは別問題ということです。したがって、子どもの道徳性を段階分けするような類のものではないことは、留意点としておさえておきましょう。

## ■■ プラス1方略 ■■■■■■■■■■■■■■■■■■■■■■■■■■■■■■

　通常の道徳授業では、授業者が自分で想定した「指導上のねらい」を子どもに浸透させようとします。設定された内容項目の大切さを感じさせるために、教師と子どもとのやりとりが中心になります。「子ども同士の話し合い」による学習効果というのは、見落とされがちなものです。

　その点、モラルジレンマ学習では、子ども同士の話し合いを中心とします。集団での討論を通して、個人の思考力や判断力を育てていくことをねらっているのです。

　では、そのような話し合いには、どのような価値があるのでしょうか。

　コールバーグは、多様な価値観をもつ人同士が話し合うことの教育効果について、「プラス1方略」と呼ばれる学習理論を示しています。

　プラス1方略とは、道徳性の発達段階において、より一段高い段階の考えに触れると、学習者の道徳性が引き上げられやすいという理論です。一段低い、あるいは二段高い考えに触れるときよりも、よりよいとされています。

　教室では様々な段階の意見が出されるため、その中には自分よりも一段階上の意見が出てくることでしょう。そのような友達の意見を聞いて、自分より道徳性の一段高い考えに触れることで、「そんな考え方があるのか。」というようにして、道徳的な価値観への気づきを得ることができるのです。自分の抱いている道徳的な原則と矛盾する経験をすると、認知構造の変換が起こり、道徳性の発達が促されていきます。

　ブラットとコールバーグ（1973）は、モラルジレンマ教材による討論授業を受けた子どもが、討論授業を受けない子どもに比べて、道徳性が3分の1段階の発達的上昇を示したことを報告しています。

　「何が正しいか」について不一致と不確かさを生み出すような仕方で、現実的ないし仮説的なジレンマを課して、段階的な成長を刺激しましょう。

盗むべきです。何もせずに死なせてしまっては、夫の責任になります。

盗むべきではありません。極端な状況だとしても、法律違反を認める訳にはいかないからです。

| ⑥普遍的な倫理原則志向 |
| --- |
| ⑤社会契約志向 |
| ④法と秩序志向 |
| ③よい子志向 |
| ②快楽志向 |
| ①懲罰志向 |

| ⑥普遍的な倫理原則志向 |
| --- |
| ⑤社会契約志向 |
| ④法と秩序志向 |
| ③よい子志向 |
| ②快楽志向 |
| ①懲罰志向 |

| ⑥普遍的な倫理原則志向 |
| --- |
| ⑤社会契約志向 |
| ④法と秩序志向 |
| ③よい子志向 |
| ②快楽志向 |
| ①懲罰志向 |

確かに、社会全体のことを考えると盗みはいけないな。

**プラス1方略**

一段高い考えに触れると、学習者の道徳性が引き上げられやすい

## 役割取得への刺激

　モラルジレンマ学習では、「役割取得」を刺激することが必要です。

　役割取得の能力について、日本におけるモラルジレンマ学習の第一人者である荒木紀幸（1990）は、『自分の考えや気持ちと同等に他者の立場に立って、その人の考えや気持ちを推し量り、それを受け入れ、調整してそれらを対人交渉に生かす能力』と定義づけています。

　幼児には道徳的な判断はできません。たとえば、母親が3歳の子どもに対して「今日は熱があるから、一緒に遊んであげられない。」と伝えたとします。でも、息子は納得できなくて、怒ってぐずってしまいます。母親は「どうしてうちの子どもは思いやりがないのかしら。」と悩むことでしょう。

　この場合、息子には、自分の視点と他者の視点の区別がついていないのです。母親に熱があるのは分かるけれども、熱があるのがどんなものなのかがわからない。自分の視点でしか物事を見ることができないのです。

　しかし、子どもはいつまでも自己中心的ではありません。8歳になれば、母親が遊んでくれないことには落ち込むけれども、一日中働いて疲れて熱を出したことが想像できます。遊べなくてもやむを得ないと理解できます。これが、役割取得の能力です。

　このような役割取得の能力は、6歳ごろから徐々に発達する社会的スキルであり、道徳判断の発達における転換点であることがわかっています。

　コールバーグは、「道徳性は認知能力と役割取得能力の発達と結びついて発達する」と仮定しています。知的にいくら優れていたとしても、他者に対する関心や、他者を尊重する役割取得能力の発達がなければ、道徳性の発達は期待できないのです。モラルジレンマ学習では、物語の中に出てくる登場人物の視点に立たせることで、子どもの役割取得の機能を刺激します。

## モラルジレンマ学習の事前指導

コールバーグは、道徳性を、何が正しいかによって「行動すること」に求めるのではなくて、何が善で、正しいのかを判断するその「理由付け」の中に生起するとみなしています。

そのため、道徳の授業では対話を重視します。対話では、自分だけの狭い見解を出て、他者の立場に身を置いて考え、語ることが不可欠です。お互いに相手の語ることを聞き、相手の問いに答え、互いに常に問いをもって問い返していきます。そうした過程を経て、お互いが十分に納得できるような立場に近づくことができるのです。

ただし、子どもは学校の勉強で、「答えを探すこと」に慣れてしまっています。1つの問題には、1つの答えがあると信じているところがあるため、この前提を崩さなければなりません。答えを探すではなく、道徳的な考えを身につけられるようにするのです。

モラルジレンマ学習を進めるにあたって、子どもたちには事前説明しておくことが必要です。子どもたちには、次のようにして伝えるとよいでしょう。

「この授業には、他の教科の授業のような明確な答えがありません。人によって、選ぶ行動は違うことでしょう。ほかの人の判断が、自分からはとても考えられないようなことがあることでしょう。でも、それでよいのです。話し合いをして、ほかの人の考えを知りましょう。打ち負かせようとするのではありません。押しつけるのでもありません。そうではなくて、『なぜその行動をとるべきだと考えるのか』を、質問することで明らかにするのです。自分にはなかった意見を知り、道徳的な考え方を身につけられるようにしましょう。」

## 授業の構成の6段階

　モラルジレンマ学習の授業は、次の6段階のようにして進められます。
　本書の教材「ドッジボール」（p.28 ～ p.29）で授業をした場合がある
として、モラルジレンマ学習の進め方を紹介します。


❶ モラルジレンマ教材を提示する。

> 今日の道徳の授業では、『ドッジボール』
> のお話をもとに話し合います。まずは
> 呼んでみましょう。


❷ モラルジレンマの解決案とその理由を考える。

> ヒナタは、ボールを取りに行くべき
> でしょうか。あなたの考えと理由を
> ワークシートに書きましょう。

❸ ペアや小グループで話し合う。（1～2分程度）

グループで意見を
交流しましょう。

❹ クラス全体で話し合う。

○まず、意見の少ない側が発言する。

私は、取りに行くべきだと思います。
なぜかというと、さわった人が取り
に行く決まりなので、そうしないと
しかられてしまうからです。

○次に、意見の多い側が発言する。

ぼくは、取りに行くべきではない
と思いました。もしも取りに行く
ようなことをすると、毎回休み時
間の帰りには、ボールを押し付け
あうことになります。それはよく
ないと思うからです。

○両側から自由に発言する。

Aさんは、『叱られてしまう』と言いましたが、先生にきちんと理由を説明すれば、わかってもらえると思います。

たしかにそうかもしれません。でも、きっとリョウは、うそをつくと思います。

だとすれば、まわりで見ていた人にも話してもらえればいいのではないですか。

❺教師の見解を述べる。

今日の話し合いをまとめると、〜ということですね。〜という意見がありましたが、よく考えられているなと感じました。正解というわけではありませんが、先生は次のように考えました。

❻各自の最終の解決案とその理由を書く。

話し合って考えたことを、ワークシートに書きましょう。

# ■ 本書のモラルジレンマ教材について ■

　本書には、総数50のモラルジレンマ教材を掲載しています。

　これらは、「モラルジレンマが最も有用であるための基準（ベイヤー；1976）及び本質的成分（ガルブレイス；1976）」に基づき、次の観点に留意した上で作成しています。

## ①できるだけ単純であること

　登場人物を２～３人までとして、状況がすぐに飲み込めるようにしています。場面があまりにも複雑だと、事実関係を知ることに時間を要してしまい、道徳的推論の展開の妨げとなってしまいます。また、文量も２ページ以内に収まるようにしています。

## ②結論が出ていないこと（オープンエンド方式）

　モラルジレンマ学習には「唯一の正しい答え」があるというわけではなく、何通りかの解決策が考えられ、しかもそれぞれ正当とみなせる理由や論証があります。したがって、すぐに結論の出てしまうものや、明確な回答がすぐ予想されるものは、道徳的思考の深化に至らないため、よくないとされています。締めくくりでも、教師の見解は述べるものの、正答をまとめるようなことはしません。このような授業を「オープンエンド方式」と呼びます。

## ③道徳的な論点が２つないし３つ以上含まれていること

　モラルジレンマ資料には、法律や両親や愛情などの道徳的価値ないし道徳的論点が２つ以上含まれているのがよいとされています。本書では、学習指導要領で挙げられている道徳の複数の内容項目が論点となるように設定しています。

　また、それぞれの教材の上部には、どの内容項目で考えればよいのかがわかるように明記しています。

## ④「主人公は何をすべきか」という行為の選択を求める質問を内包すること

　モラルジレンマは、主人公が何らかの葛藤場面に直面して、「２つないし３つ以上の行為のいずれかを選ばなければならない」という性格のものでなければいけません。

　ここで重要なのは、「〜べき」という言葉です。この言葉によって、主人公のとるべき行為を意思決定させるようにするのです。

「自分ならどうしますか」という問いだとすれば、それは「私はＡという行動をします」という感想の述べ合いになります。

　しかし、「どうするべきでしょうか。」という問いでは、「私はＡという行動をするべきだと思います。」という主張になります。主張と主張が重なりあって、そこに議論が生じることになるのです。

　この「主人公は〜するべきか。」という問いが、討論のテーマになります。それぞれの教材文の末には、ワークシート形式で「〜べき」の発問を設定しています。

## ⑤モラルジレンマは、子どもが現実的と考えるものでなければならないこと

　子どもの発達段階や生活実態に即した内容を多く取り上げて、興味・関心を抱きやすいようにします。子ども達の心情を揺さぶり、既に持っている価値観を改めて振り返らせるようにします。そのため、主に子どもたちの生活に即した内容を中心に教材文を作成しています（ただし、一部には空想的な物語文も含みます）。

　特に、主人公の心に起こる動揺が伝わりやすいようにしています。また、会話文や独白、イラストを用いることで、主人公の心情が伝わるように工夫しました。

## ■■ モラルジレンマ教材の扱い方 ■■

　本書を用いた授業は、次の2つの方法があります。授業内容やカリキュラムと照らし合わせて設定しましょう。時間配分の例を紹介します。時間配分は、この時間で進行させるということではなく、大まかな目安として捉えてください。

### ①教科書で学んだ後、続けて行う

　教科書では、道徳の内容項目について学びます。それに続けて、内容項目に合わせて本書から適切な教材を選びましょう。教科書で内容項目について学び、続けてモラルジレンマ教材で議論します。

| | | |
|---|---|---|
| | 教科書の内容 | 15分 |
| 1時間 | モラルジレンマ学習 | 25分 |
| | まとめ | 5分 |

### ②独立した道徳授業として行う

　教科書で、道徳の内容項目について複数学びます。これとは別の時間に、本書から適切な教材を選びとり、1時間の授業を行います。

　たとえば、「友情」と「規則の尊重」について学んだうえで、それらが相反するような1時間のモラルジレンマ学習に取り組むようにすれば、両者の内容項目についてあらためて考えることができます。

　あるいは、学期分の教科書教材を早めに進めていき、残った時間をモラルジレンマ学習にするのもよいでしょう。

| |
|---|
| 1時間 [ 教科書の内容（複数）45分 |
| 1時間 [ モラルジレンマ学習　45分 |
| 1時間 [ 教科書の内容（複数）45分 |
| 1時間 [ モラルジレンマ学習　45分 |

交互に進める場合

| |
|---|
| 1時間 [ 教科書の内容（複数）45分 |
| 1時間 [ 教科書の内容（複数）45分 |
| ⋮ |
| 1時間 [ モラルジレンマ学習　45分 |
| 1時間 [ モラルジレンマ学習　45分 |
| ⋮ |

早めに進める場合

## 話し合いの進め方

　基本的に、話し合いの意見は、できるだけ二項対立がよいものです。「A 対 B」というように対立していれば、話し合いは活性化されます。もちろん、とるべき行動は多岐に分かれることもあるでしょう。しかし、あまりにも多く意見が分かれてしまうと、話し合いが分散してしまい、深まりが得られません。もし複数の意見に分かれるような場合であれば、「A 対 その他」というようにして、2つに分けるとよいでしょう。

　2つに分けることができれば、それぞれの立場の人数を確認します。自らの立場を書かせてから人数を確認しましょう。書かせなければ、少数派から多数派にこっそり移る子どもが現れてしまうからです。

　両者の立場が全く同じ人数になることは稀です。たいがい、少数派と多数派に分かれます。人数の確認ができたら、次の順番で話し合いを進めます。

　①少数の側の意見 → ②多数の側の意見 → ③自由に話し合い

　なぜこのように進めるのかというと、先に多数の側が意見を述べてしまうと、少数の側が圧倒されてしまうからです。まずは少数の側が意見を出し切ります。それから、多数の側が意見を出します。その後は、自由に話し合いを進めていきます。「道徳の時間に正解はありません。だから人数の多い少ないは関係がありません。」というように、少数派を勇気づけましょう。

　話し合い方は、挙手・指名でもよいし、相互指名でもよいでしょう。私は、「指名なし討論」で進めるのが最も適切と考えています。教師に指名されることなく、子どもたちが自由に立ち上がって意見を述べていく話し合い方法です。この方法の詳細については、拙著「指名なし討論入門」（フォーラム A）をご参照ください。

# 2章

# 教材プリント

## 低学年編

# ドッジボール

ねん　　くみ（　　　　　　　　　　　）

　やすみじかんに　なりました。ヒナタは　クラスの　ともだちと　うんどうじょうで　ドッジボールを　やりました。

　ドッジボールは、おおもりあがり。

　たのしんでいると、チャイムがなって、やすみじかんがおしまいに　なりました。

　みんな、うんどうじょうから　きょうしつに　むかってかけだしました。すると、ちからの　つよい　リョウが、ヒナタに　むかって　ボールを　なげつけてきました。

　リョウの　なげた　ボールは　はやくて、ヒナタは　よけることが　できませんでした。

　バシーン。ヒナタの　せなかに　ボールが　あたりました。ボールは　とおくへと　ころがって　いきました。リョウは、おおきなこえで　いいました。

「さいごに　さわったのは、ヒナタだからな。ヒナタが　ボールを　とってこいよ。ルールなんだからな！」

　たしかに、クラスの　ルールでは、「さいごに　ボールにさわった　ひとが　もとの　ばしょに　もどす」と　きまっています。

　でも、さっきのは、さわったというよりも　あてられたの

です。

「えっ、でも──。」

　そう　いっている

あいだに、リョウは　きょうしつへ　もどってしまいました。

ボールは　とおくまで　ころがっていってしまいました。


ヒナタは、ボールを　とりにいくべきでしょうか。あなたの
かんがえと　りゆうを　かきましょう。

```
┌────────────────────────────────────────┐
│                                        │
│ ┄┄┄┄┄┄┄┄┄┄┄┄┄┄┄┄┄┄┄┄┄┄┄┄┄┄┄┄┄┄┄┄┄┄┄┄┄┄ │
│                                        │
│ ┄┄┄┄┄┄┄┄┄┄┄┄┄┄┄┄┄┄┄┄┄┄┄┄┄┄┄┄┄┄┄┄┄┄┄┄┄┄ │
│                                        │
└────────────────────────────────────────┘
```

はなしあって　かんがえたことを　かきましょう。

```
┌────────────────────────────────────────┐
│                                        │
│ ┄┄┄┄┄┄┄┄┄┄┄┄┄┄┄┄┄┄┄┄┄┄┄┄┄┄┄┄┄┄┄┄┄┄┄┄┄┄ │
│                                        │
│ ┄┄┄┄┄┄┄┄┄┄┄┄┄┄┄┄┄┄┄┄┄┄┄┄┄┄┄┄┄┄┄┄┄┄┄┄┄┄ │
│                                        │
└────────────────────────────────────────┘
```

# おとうさんのごはん

ねん　　くみ（　　　　　　　　　）

「きょうは、おとうさんが　ごはんを　つくろうかな。マミ
　の　すきな　オムライスを　つくろう。」
「わーい、やったあ！」
　マミの　おとうさんが、だいどころで　りょうりを　はじ
めました。おとうさんは、しごとが　やすみなので、はりきっ
ています。
　レシピを　みて、2じかんくらい　かけて、オムライスを
つくりました。
　たまごから、ほかほかと　ゆげが　たっています。
「わあ、すごい。おいしそう。」
「そうだろう？　とくせいオムライスだぞ。」
　パクリ。
　もう一口、パクリ。
　──でも、あまり　おいしくありません。ちょっと　から
くて、のみこむのも　ひとくろうです。もしかすると、さと
うと　しおを　まちがえたのかもしれません。
「どうだ？　おいしいか？」
　おとうさんは、めを　キラキラさせています。
「えーっと──。」

マミは、なんと　いえば　いいのか、こまってしまいました。

マミは、「おいしい。」と　いうべきでしょうか。「おいしくない。」と　いうべきでしょうか。あなたの　かんがえとりゆうを　かきましょう。

```



```

はなしあって　かんがえたことを　かきましょう。

```



```

# 3 カンタとネコ

ねん　　くみ（　　　　　　　　　）

　カンタは、いつものように　ともだちの　いえから　かえって　いました。

　ふと　みちばたを　みると、ダンボールが　おかれています。なかを　のぞきこむと、ちいさな　こネコが　いました。「すてネコだ。」と　カンタは　おもいました。

　こネコは　ちいさな　こえで　げんきよく「ニャーオ。」と　なきます。

　なんて　かわいいのだろう。こんな　ところに　いたら、たいへんだ。

　そう　おもった　カンタは、こネコを　いえに　つれてかえることに　しました。

「ただいま。おかあさん、こネコを　ひろったよ。ねえ、ネコを　かってもいいかな。」

「なにを　いっているの。うちは、イヌの　ポンタが　いるでしょう。ポンタの　おせわも　できていないのに、ダメよ。もどしてらっしゃい。」

　たしかに、さいきんは　ポンタの　さんぽも　ろくに　やっていないので、カンタは　いいかえすことが　できませんでした。カンタは、こネコを　ダンボールに　もどしに　いき

ました。

　３日たっても、まだ　ダンボールは　おかれたままです。
なかには　やっぱり、こネコがいます。

「このままだと、こネコは　しんでしまうかもしれない。で
　も、おかあさんは　かったら
　ダメって　いうし——。」

　カンタは、とほうに　くれて
しまいました。

カンタは、どうするべきでしょうか。あなたの　かんがえと
りゆうを　かきましょう。

　　┌─────────────────────────────┐
　　│ .................................................. │
　　│ .................................................. │
　　└─────────────────────────────┘

はなしあって　かんがえたことを　かきましょう。

　　┌─────────────────────────────┐
　　│ .................................................. │
　　│ .................................................. │
　　└─────────────────────────────┘

# おえかきだいすき

ねん　　くみ（　　　　　　　　　　）

　ユミは、おえかきが　だいすき。いえでは、いつでもえを
かいています。

　どうぶつ、たべもの、のりもの、なんだって　かけます。
かぞくは　みんな、「ユミは、おえかきの　てんさいだね。」
と　ほめてくれています。だから　うれしくって、よけいに
たくさん　かいてしまうのです。

　きょうも　がっこうで、おえかきを　していました。

　すると、ともだちの　サラちゃんが　やってきました。

「ねえ、おにごっこ　やるんだけど、ユミちゃんも　いっしょ
　に　やらない？」

「やらない。わたし、えをかくから。」

「そう。ユミちゃんは、わたしたちのこと、きらいなの？」

　びっくりして、ユミは　サラの　かおを　みました。

「きらいじゃないよ。」

「だったら、どうして　いっしょに　あそばないの？　いっ
　つも、おえかき　ばっかりして。てっきり、わたしたちの
　こと　きらいなのかと　おもった。」

「そんなことないよ。」

「きらいじゃないんだったら、あそびに　いこうよ。」

サラちゃんは、ごういんに　さそってきます。

　たしかに、ユミは　ぜんぜん　みんなと　あそんでいません。ユミは　こころの　なかで　かんがえました。

「たまには　あそんだほうが　よいのだろう

　か。でも、おえかきも

　したいなあ——。」

ユミは、おえかきを　するべきでしょうか。それとも、サラちゃんたちと　そとで　あそぶべきでしょうか。あなたのかんがえと　りゆうを　かきましょう。

はなしあって　かんがえたことを　かきましょう。

# おふろそうじ

ねん　　くみ（　　　　　　　　　）

　コウタロウは、よく　おふろそうじを　やります。

　おふろそうじを　やると、かぞくみんなが　よろこんでく
れます。きのうも、おかあさんが　ほめてくれました。

「コウタロウの　おかげで、さっぱりと　おふろに　はいる
　ことが　できるよ。ありがとう。」

　コウタロウは、うれしかったので、せんげんすることにし
ました。

「あしたも　やってあげるよ！」

「ほんとうに？　たすかるよ。ありがとう。まかせるね。」


　きょうは、ケイトの　いえに　やってきています。

　ケイトの　もっている　ゲームは　おもしろくて、むちゅ
うになって　やってしまいます。いえに　かえるじかんに
なっても、まだ　つづけていたいと　おもいました。

　ケイトは　いいました。

「まだ、じかんは　だいじょうぶなんだろう？　もっと　や
　ろうよ。」

「でも──。」

　いますぐ　かえらないと、おとうさんが　かえってきます。

おとうさんは
かえってきたら
すぐに　おふろに　はいるので、それまでに　おふろそうじ
を　してあげなければいけません。でも、ケイトと、もうす
こし　あそびたいなとも　おもいました。

コウタロウは、すぐに　かえるべきでしょうか。ゲームを
つづけるべきでしょうか。あなたの　かんがえと　りゆうを
かきましょう。

```
┌─────────────────────────────────────────┐
│                                         │
│ ......................................  │
│                                         │
│ ......................................  │
│                                         │
└─────────────────────────────────────────┘
```

はなしあって　かんがえたことを　かきましょう。

```
┌─────────────────────────────────────────┐
│                                         │
│ ......................................  │
│                                         │
│ ......................................  │
│                                         │
└─────────────────────────────────────────┘
```

# アリとキリギリス

ねん　くみ（　　　　　　　　）

　なつの　あつい　ひでも、アリは　たべものを　あつめて
いました。
「いまの　うちに、たべものを　あつめておかなくっちゃ。
　じきに、さむい　ふゆが　くるのだから。」
　キリギリスは、いつもうたを　うたっていました。
　アリは、「きれいな　うたごえだな。」ときいていました。
なんだか、げんきが　でてきます。そのうたを　ききながら、
せっせと　たべものを　はこんでいました。

　さむい　さむい　ふゆが　やってきました。
　アリの　いえに、キリギリスが　やってきました。
「アリさん、たすけてくれないか。」
「キリギリスさん、どうしたんだい。」
「じつは、たべものが　すっかり　なくなってしまって。」
「なつの　あいだに、ためておけば　よかったんじゃないか。」
「なつは、うたをうたうのにいそがしかったんだ。」
　そういうと、キリギリスは　したを　むいてしまいました。
　アリは、いえの　なかを　みました。
　たしかに、たべものは　まだ　たくさん　あります。

でも、たべものを　あげると　せつやくを　しなければ
なりません。

アリは、キリギリスに　たべものを　あげるべきでしょう
か。あなたの　かんがえと　りゆうを　かきましょう。

```



```

はなしあって　かんがえたことを　かきましょう。

```



```

# こうがいがくしゅう

ねん　　くみ（　　　　　　　　　　　）

「でんしゃには、たくさんの　ひとが　のっています。こ
れから　おしごとに　むかうひとだって　います。だか
ら、けっして　さわがしくしては　いけません。でんしゃ
の　なかでは　なにがあっても　しゃべりません。いいで
すね？」

　せんせいが　いっていたことを、チサは　きちんと　まも
ろうと　おもいました。

　チサたちは、こうがいがくしゅうで、となりまちの　こう
えんへ　いきます。だから、でんしゃに　のるのです。

　でんしゃに　のると、すでに　たくさんの　ひとが　のっ
ていました。みんな　バラバラになって　でんしゃに　のり
こみました。

　でんしゃが　すすむと、チサは　だんだん　きぶんが　わ
るくなってきました。きっと、のりものよいです。

「おじょうさん、ここ、すわる？」

　かおを　あげると、めのまえにすわっていた　おばさんが
せきを　ゆずってくれようと　していました。

　おばさんの　すわっていた　ざせきに　すわると、きぶん
がわるいのが　おさまってきました。

チサたちの　おりるえきに　つきました。
「おさまったようで、よかったね。きをつけてね。」
　ありがとうございます、と
いおうと　したところで、ふと
きが　つきました。

　でんしゃの　なかでは、しゃ
べっては　いけない　きまりで
した。チサは、どうすればいい
か、こまってしまいました。

チサは、「ありがとう。」と　いうべきでしょうか。あなた
の　かんがえと　りゆうを　かきましょう。

はなしあって　かんがえたことを　かきましょう。

# サトルへのあいさつ

ねん　くみ（　　　　　　　　　　）

「おはよう！」

　ショウタは、あいさつが　だいすきだ。だから、クラスの
みんなに　1人ずつ　あいさつを　している。

　あいさつを　すると、きょうも　1にち　がんばろうって
いう　きに　なれるんだ。

　きっと、クラスの　みんなも　そうじゃないかな。

　きょうしつに　はいってくる　ともだち　1人ひとりに「お
はよう！」と　いう。

　みんな　えがおで　かえしてくれる。うれしいな。

　あっ、サトルだ。

　サトルは、しずかに　きょうしつに　はいると、そのまま
つくえに　つっぷしてしまった。

「サトル、どうしたのかな。」

　となりの　せきの　モエが　こたえた。

「わたし、しっているよ。サトルくんの　いえの　ネコが、
　きのう　しんでしまったんだって。それで　サトルくん、
　おちこんでいるのよ。」

　あいさつを　すれば、げんきに　なれるんじゃないかな、
とおもう。

でも——。

　ショウタは、サトルに「おはよう！」と　こえを　かける
べきかどうかを　かんがえた。

ショウタは、サトルに　あいさつを　するべきでしょうか。
あなたの　かんがえと　りゆうを　かきましょう。

```



```

はなしあって　かんがえたことを　かきましょう。

```



```

# みつからないカギ

　　　　　　　　　ねん　　くみ（　　　　　　　　　）

「おかあさん。こうえんに　いってくる。」
「おそくなったら　ダメよ。5じには　かえってきなさい。」
「はーい。いってきます。」
　トモは、ケイタと　こうえんで　あそんでいました。
　こうえんの　とけいは、4じ50ぷんに　なりました。
　たっぷりと　あそんだので　かえろうとした　そのとき、
かばんを　さぐっていた　ケイタが　さけびました。
「どうしよう。いえの　カギがない。おとしたんだ。」
「ええっ！　たいへんじゃないか！」
「こうえんの　どこかに　あるはずなんだけど──。」
　ケイタの　いえは、いえの　ひとが　かえってくるのがお
そいので、カギが　なければ　いえに　はいることが　でき
ません。ケイタは、こうえんじゅうを　さがしはじめました。
トモも、いっしょになって　さがしました。
　でも、カギは　みつかりません。じこくは　4じ55ふん
に　なりました。すぐに　かえらなければ、おかあさんとの
やくそくが　まもれません。
　きゅうに、ケイタが　なきだしました。
「どうしよう──。いえに　はいれないし、おとうさんとお

　かあさんに　おこら
れちゃう──。」
　トモは、かえるのか、
いっしょに　さがしつづけるかをかんがえました。


　トモは、かえるべきでしょうか。それとも、さがしつづける
べきでしょうか。あなたの　かんがえと　りゆうを　かきま
しょう。

```



```

　はなしあって　かんがえたことを　かきましょう。

```



```

# ターザンロープ

ねん　くみ（　　　　　　　　　　）

　タカヤは、がっこうから　かえって　しゅくだいを　すま
せると、すぐに　こうえんへと　でかけました。

　その　こうえんには、ターザンロープが　あります。ぶら
さがって、かべを　けって　かえってくるのです。まんぞく
したら、つぎの　ひとに　こうたいすることに　なっていま
す。

　タカヤが　そろそろ　やめようかなと　おもった　そのと
き、きんじょに　すむ　サヤカが　こえを　かけてきました。
「タカヤくん。つぎは、わたしに　かわってよ。」

　タカヤは、サヤカを　いもうとのように　かわいがってき
ました。かわってあげようかと　おもったら、おおきなおと
このこが　ちかづいて　きました。

「おい！　いいかげんに　しろよ！　おれが、ずっと　そこ
　にならんでいたんだ。おれが　さきだからな！」

　そういって、おとこのこは　タカヤと　サヤカを　にらみ
つけました。

　たしかに、おとこのこは　ずっと　うしろに　ならんでい
ました。でも、サヤカは　あそびたいようで、いまにも　な
きだしそうです。

　タカヤは、どちらに　ターザンロープを　わたせばよいの
か、なやんでしまいました。


タカヤは、どちらに　ターザンロープを　わたすべきでしょ
うか。じぶんの　かんがえと　りゆうを　かきましょう。

```
.......................................................................................
.......................................................................................
```

はなしあって　かんがえたことを　かきましょう。

```
.......................................................................................
.......................................................................................
```

# ないしょばなし

ねん　くみ（　　　　　　　　　　）

　　トモエと　ミサキは　なかよしです。がっこうでも、ほう
かごでも、いつも　いっしょに　あそんでいます。
「ねえ、きいて。わたし、きのうから　バレエを　はじめたの。」
　　ミサキが、トモエの　みみもとで　はなしはじめました。
「ええっ、バレエ。すごい！　バレエって、からだが　やわ
　　らかくないと　できないんじゃないの？」
「うん。でも　わたし、まだ　からだが　かたくて　うまく
　　できなくて　はずかしいから、みんなには　いわないでね。」
「もちろんだよ。」
　　ミサキはまいにち、トモエの　みみもとで　バレエの　は
なしを　つづけました。
　　あるひ、トモエが　げこうの　じゅんびを　していると、
ともだちの　カナが　はなしかけてきました。
「わたしの　わるぐちをいうの、やめてくれない？」
「ええっ？　わるぐちなんて　いってないよ！」
「だって　いつも、こっちを　みながら、ないしょばなしを
　　しているじゃない。わるぐちじゃないんだったら、なんの
　　はなしを　していたのか、おしえてよ。」
「それは──。」

カナの　わるぐちなんて、ぜんぜん　いっていません。

　でも、バレエのことを　はなせば、ミサキとの　やくそく
を　やぶってしまうことに　なってしまいます。

トモエは、バレエのことを　いうべきでしょうか。あなたの
かんがえと　りゆうを　かきましょう。

はなしあって　かんがえたことを　かきましょう。

# ちょっとおおめに

ねん　　くみ　（　　　　　　　　　　）

　ミチオは、きゅうしょくとうばんで、おおきな　おかずの
はいぜんを　していました。

　いつも　みんなに　おなじぶんだけの　きゅうしょくを
いれています。けっこう　むずかしい　さぎょうですが、ミ
チオは　かんぺきに　できていました。ミチオは、ほとんど
おなじくらい　いれることが　できるのです。

「ミチオは、いいしごとを　するなあ。」

　そうやって、せんせいまで　ほめてくれていました。

　そのひの　こんだては、みんなが　だいすきな　カレーで
した。

　しんゆうの　カイが、おぼんを　もって　ならんで、おね
がいを　してきました。

「なあ、たのむよ。ぼく、カレーが　だいすきなんだ。ちょっ
　と　おおめに　いれてくれないか。」

「だめだよ。みんな　おなじにしないと。」

「ちょっとくらい、ばれないだろう？　おねがい！」

　ミチオは、カレーを　かきまぜながら、どうしようかとか
んがえました。

ミチオは、おおめに　いれてあげるべきでしょうか。あなた
の　かんがえと　りゆうを　かきましょう。

はなしあって　かんがえたことを　かきましょう。

ねん　　くみ（　　　　　　　　　　）

　ユウジは、おてつだいが　だいすきです。きょうも、おとうさんに　きいてみました。

「おとうさん、なにか　おてつだいすること　ない？」

「うーん、そうだね。じゃあ、うらの　おばあちゃんの　いえに、やさいを　とどけてくれるかな。」

　おばあちゃんの　いえは、あるいて　5ふんくらいの　ところに　あります。それなら、おやすいごようだ。

「じゃあ、いってきます！」

「きをつけてね。まっすぐ　かえってくるんだよ。」

　ユウジは、おばあちゃんの　いえに　むかって　でかけました。

「きょうも、おてつだいが　できるぞ。」

　うれしい　きもちで　あるいていると、まえから　ともだちの　アツシが　やってきました。

「ユウジ！　おそかったじゃないか。もう、しあいが　はじまるぞ。」

「しあい？　それって、なんの　はなし？」

「サッカーの　しあいだよ。みんなで　やるって、きのうやくそくしたじゃないか。」

ユウジは、やくそくした
ことを　すっかり　わすれ
ていました。
「でも、ぼく、やさいを
　とどけないと——。」

「そんなの、あとで　いいだろ。さあ、ほら、しあいが　は
　じまるんだから。いそいで　いくよ！」


ユウジは、どうするべきでしょうか。あなたの　かんがえと
りゆうを　かきましょう。

<br>

はなしあって　かんがえたことを　かきましょう。

# くつそろえ

ねん　　くみ（　　　　　　　　　　）

「いんとくをつむ」という　ことばを、ハルカは　おばあちゃんから　おしえてもらいました。

「『いんとくをつむ』っていうのはね、ひとに　しられることなく、いい　おこないを　するって　ことだ。そうすると、いつか　めぐりめぐって、じぶんの　もとに　かえってくるんだから。」

それを　きいて、ハルカは　だれにも　しられないところで、いいことを　やりはじめました。ゴミを　ひろったり、そうじを　したりするのです。

さいきん　やっているのは、はやく　とうこうして、みんなの　うわぐつを　きれいに　ととのえることです。ハルカが　ととのえた　あとの　くつばこは、かがやいているように　みえました。

あるひの　ひるやすみ、ハルカは　せんせいに　よびだされました。

「ハルカさん。がっこうに　くるのが　はやいでしょう。」

「はい。いえを　でるじかんを　はやく　しているので。」

「くつばこの　くつを、だれかが　いつも　ととのえてくれているの。だれが　やっているのか、しらないかな？　み

んなに　しらせたいんだ。」

　ハルカは、びっくりしました。せんせいに、きづかれていたなんて。

　しょうじきに　いってしまうと、みんなに　しられてしまうことになります。でも、うそを　つくのも　よくないし――。

　ハルカは、こまって
しまいました。

ハルカは、どう　こたえるべきでしょうか。あなたの　かんがえと　りゆうを　かきましょう。

```



```

はなしあって　かんがえたことを　かきましょう。

```



```

ねん　　くみ（　　　　　　　　　　　　）

「かんきょうはかいが　すすんでいます。よけいな　ゴミを
　ださないように　きをつけましょう。」

　マサルは　がっこうで、そう　ならいました。

「たしかに、よけいな　ゴミを　ふやしてしまうことって、
　よく　あるな。ゴミを　へらせば、ゴミを　もやさなくて
　すむのだから、かんきょうに　いいのだな。」

　マサルは、いえにかえると、さっそく　ゴミを　なくす
ための　とりくみを　はじめました。ぎゅうにゅうパックを
きりとって、はちうえに　してみました。スーパーの　ゴミ
ぶくろを　かわいく　いろづけして、２かい、３かいと　つ
かえるように　しました。

「これでよし！」

　リビングへ　いくと、おとうさんが　ほうそうしで　おか
しの　はこを　つつんでいるところでした。１まい、２まい
──なんと、３まいも　つつんでいるでは　ありませんか。

「おとうさん！　どうして、ほうそうしで　つつむの？　ゴ
　ミに　なっちゃうんじゃないの？」

「つつむことには、たいせつに　している、まもるというい
　みが　あるんだよ。にほんの　むかしからの　でんとうな

んだ。こうやって　つつむと、ていねいに　しているきも
ちが　つたわるだろう？　さあ、マサルも　そのはこを
つつんでくれないか。」

マサルは、おかしの　はこを　つつむべきでしょうか。あな
たの　かんがえと　りゆうをかきましょう。

|  |
|  |

はなしあって　かんがえたことを　かきましょう。

|  |
|  |

# ネパールのともだち

ねん　くみ（　　　　　　　　）

　トモヤは、ネパールの　ともだち　シバの　いえにやって
きました。
「いっしょに　ごはんをたべようよ。」
　シバに　さそわれて、おひるごはんを　いただくことにし
ました。
「おはしは、どこ？」
「ないよ。ぼくの　いえは、てで　たべるんだ。」
　シバは、てで　ごはんを　すくうと、きように　たべてみ
せました。
「すごいな。」
「みぎてを　シャベルみたいな　かたちにするんだ。シャベ
　ルと　おやゆびで　りょうりをつかむ。ゆびのうえに　の
　せて、はこぶんだよ。トモヤも、やってみなよ。」
「やった。できたよ。」
「こういうのを、『てしょく』っていうんだ。」
　トモヤは、あたらしいことが　できて　うれしくかんじま
した。そのひの　ばんごはんでは、トモヤは　いえでも『てしょ
く』を　やってみました。すると、おかあさんがびっくりし
ました。

「やめなさい！　なに、おげひんなことを　しているの！」

「これは『てしょく』だよ。きょう、シバに　おしえてもらっ
　たんだ。」

「ここは　にほんなんだから、ダメ。やめなさい。」

　どうしてダメなの？
げひんじゃないのに。
トモヤは　ふしぎで
なりませんでした。

トモヤは『てしょく』を　やめるべきでしょうか。あなたの
かんがえと　りゆうをかきましょう。

| |
|---|
| |

はなしあって　かんがえたことを　かきましょう。

| |
|---|
| |

## 3つのまとめ方

　モラルジレンマ学習はオープンエンド形式を取りますが、授業の終わりには、まとめが必要です。教師を中心にして、3つのまとめをしましょう。

### ①議論のふりかえり

　どのような意見が出たのか、今日の話し合いの論点は何かを簡潔にまとめていきます。板書を指し示しながら、流れを確認するとスムーズです。

### ②よい意見の取り上げ

　特に話し合いの中でキラリと光るような知的な意見を取り上げます。中身ももちろんのこと、意見のつなぎ方や反論の仕方など、技法的なこともほめるようにするとよいでしょう。

### ③教師の意見を伝える

　最後に、教師の意見を述べます。ここでの意見は、内容が重視されます。

　たとえば「ドッジボール」で、「ボールを取りに行くべきです。そのほうが、もめごとが少なくてすむからです。」と、段階の低い意見を述べたら、他の子どもたちは「なんだ、その程度の考えでよいのか。」と捉えてしまいます。

「先生は、取りに行くべきだと思います。ボールを取りに行かなければ、関係の無い他の学級の人たちが困ることになるからです。ただし、先生に事実を伝えて、学級のルールの見直しをしてもらうようにします。そうして、誰もが気持ちよくボールを使えるようにすべきだと考えました。」

　このように、持論を述べます。あくまでも、「正解ではない」ことを繰り返しながら、教師の一意見として伝えましょう。教師がきちんと意見を述べられたなら、その後に続く道徳授業に深まりが生じます。見本となれるように、自分なりの結論を持ったうえで授業にのぞむようにしましょう。

教材プリント
中学年編

# おつりが多い

年　　組（　　　　　　　　　）

「たしか、この人形だったな。」

シゲキは、たなの上に手をのばした。今日は、お姉ちゃんのために、プレゼントを買いにやってきたのだ。お姉ちゃんがほしがっていた人形を買うつもりだ。

「お姉ちゃん、きっとよろこぶぞ。」

本当なら、人形にかぶせる帽子も買ってあげたいところだ。

でも、それにはあと 500 円も足りない。買ってあげたい気持ちはあるのだけれども、お金がないなら仕方がない。きっと、人形だけでも喜んでくれることだろう。

レジに持って行って、お金をしはらう。シゲキは、2000円を店員さんにわたした。

「1300 円です。」

700 円を返された。

おかしい。だって、ねだんは 1800 円だ。おつりは、200円のはずなのに。おそらく、店員さんがねふだを見間ちがえたのだろう。

「返さなきゃ――。でも、ちょっと待てよ。」

シゲキは、手を止めた。

これなら、人形の帽子も買うことができる。

お姉ちゃんを、よりよろこばせることができるじゃないか。

それに、おつりを間ちがえたのは、店員さんのせきにんだ。ぼくが悪いわけじゃない。でも——。

シゲキは、ギュッとおつりをにぎりしめた。

シゲキは、おつりで人形の帽子を買うべきでしょうか。それとも、おつりを返すべきでしょうか。あなたの考えと理由を書きましょう。

話し合って考えたことを書きましょう。

# カードゲーム

年　　組（　　　　　　　　　）

　おもちゃ屋さんの店の前には、朝早くからたくさんの人がならんでいた。

　今日から、新しいカードゲームが発売される。おもちゃ屋さんの店長は、前の人から順番にカードをわたしていった。

　最後の１人のところで、カードがなくなってしまった。

「また、カードは入荷するから。そのとき連らくしますね。」

　ならんでいた男の子は、なみだぐみながら店の出口へと向かった。


　その後、店長がかたづけをしていると、ダンボール箱から、はらりと１セットのカードが出てきた。なんと、あまっていたのだ。

　店長が手に取って、男の子を追いかけようとした。

　すると、車いすに乗った女の子がやってきた。

「わたし、病気でずっと入院していて、今日カードゲームが発売されると聞いて、やってきました。けんさのために、病院を出るのがおそくなってしまったんですが――。やっぱり、売り切れていますよね。」

　女の子は、店長の手にあるカードを見て、笑顔になった。

「あっ！　まだ、残っていたのですね！　よかった！」

「こ、これは——。」

　男の子の背中はまだ見えている。

　店長は、男の子と女の子、
どちらにカードをわたすべ
きかを考えた。

店長は、男の子か女の子、どちらにカードをわたすべきで
しょうか。あなたの考えと理由を書きましょう。

```
........................................................

........................................................
```

話し合って考えたことを書きましょう。

```
........................................................

........................................................
```

# プレゼントの折り紙

年　　組（　　　　　　　　　　　）

　ハナは、部屋でこっそりと折り紙を折っていた。

　なぜ、こっそりとやっているかって？

　それは、この折り紙が、お母さんの誕生日プレゼントだからだ。

　お母さんによろこんでもらいたいので、ペン立てをつくることにした。ペン立ては、作るのがちょっとむずかしいけれども、きっと役に立つはずだ。

「ハナー。ご飯、できたわよー。」

　お母さんの声がした。でも、あと少しなのだ。

「はーい、今行くよー。」

　返事をしてから、ふたたび始めた。最後まで仕上げてしまおう。

「この、角のところの折り目がむずかしいんだよな──。でも、ここをがんばらないと、変な形になっちゃうし──。」

　バン！

　突然とびらが開いた。

　ハナは後ろをふりかえった。お母さんがおこった顔で立っていた。

「もう。スープが冷めちゃうじゃない！　何やっているの

よ！」

あわててハナは、折り紙をかくした。

「そんな、折り紙でばっかり遊んで——。ちょっとくらい、
　勉強でもしたらどうなの？」

ハナは、折り紙に目を落とした。

そして、ふたたびお母さん
の顔を見た。

ハナは、お母さんに何と言うべきでしょうか。あなたの考え
と理由を書きましょう。

話し合って考えたことを書きましょう。

年　　組（　　　　　　　　　　）

「絶対に、ホームランを打ってみせるんだ！」

　リュウトは、野球の大会に向けて、毎日かかさずすぶりをやってきた。

　ホームランを打って、大歓声が起こる──。いつか、その瞬間を味わってみたい。

　雨の日も風の日も、たえずバットをふり続けた。

　そして、当日。

　9回うら。2－3で、リュウトのチームは負けていた。

　リュウトの番が回ってきた。これまで、リュウトにヒットはなかった。

　かんとくは、リュウトに言った。

「送りバントで、ケンを送ってくれ。ここは、一点を確実にとろう。」

「でもかんとく──。ぼくは、ホームランを打ちたいんです。ホームランを打てば、2点入るので、チームの勝ちです。」

「ここまでヒットがないのに、そんなうまくいくわけがないだろう。チームのことを考えなさい。」

「はあ──。」

　リュウトは、バッターボックスに立った。

ピッチャーが球を投げた。ずっと練習で意識してきたコースの球だ。これなら打てそうだ。

　打つべきか。それとも、バントか。

　リュウトはバットをにぎりしめた。

リュウトは、バントをするべきでしょうか。それとも、ホームランをねらってふるべきでしょうか。あなたの考えと理由を書きましょう。

<br>

話し合って考えたことを書きましょう。

# コンテスト

年　　組（　　　　　　　　　）

　サエの将来のゆめは、世界で活やくするピアニストになることだ。自分のひいているピアノで、1人でも多くの人を勇気づけられたら——。と考えている。

　特に、今度のコンクールは重要だ。県大会で優勝できたので、今度は全国大会だ。全国大会で金賞をとれば、国際大会に出場できる。そうすれば、ゆめにまで見ていた世界への道が開けるのだ。

「サエ、がんばっておくれや。おまえががんばるすがたを見るのが、私は一番好きなんだよ。」

　サエのおばあちゃんは、いつもサエをおうえんしてくれていた。おばあちゃんは、練習の合間にもお茶を入れてくれたり、おかしを運んでくれたり、何かと気遣ってくれる。

「おばあちゃんのためにも、絶対金賞をとりたい！」

　サエは、ますます練習にはげんだ。

　コンクール1週間前になった日のことだった。

　おばあちゃんが突然倒れてしまった。意識がもどらなくて、すぐに手術が必要とのことだった。お医者さんは言った。

「もしかすると、これが最期になるかもしれません。」

　手術は、コンクール当日に行われることになった。お母さ

んは、サエのかたに手を置いて言った。

「サエは、コンクールに行きなさい。お母さんたちが、おば
　あちゃんに付きそうから。」

「でも——。おばあちゃんに会えるのは、最期になるかもし
　れないんだよ。」

「たしかに、コンクールは何回
　もある。けど、また全国大会ま
　で勝ち上がれるとはかぎらない
　じゃないの。」

サエは、おばあちゃんの元にいるべきでしょうか。それと
も、コンクールに出場するべきでしょうか。あなたの考えと
理由を書きましょう。

┌────────────────────────────────────┐
│                                    │
│ ·································· │
│                                    │
│ ·································· │
│                                    │
└────────────────────────────────────┘

話し合って考えたことを書きましょう。

┌────────────────────────────────────┐
│                                    │
│ ·································· │
│                                    │
│ ·································· │
│                                    │
└────────────────────────────────────┘

# おじいさんとベンチ

年　　組（　　　　　　　　　）

「行ってきます！」

　1時30分。ユウヤは、バスていに向かって出かけた。今日は友達のコウタとプールへ行くのだ。バスに乗って、2時にプールへ集合することになっている。

　途中の道で、おじいさんがうずくまっているのが見えた。

「おじいさん、だいじょうぶですか。」

「ちょっとな——、こしがいたくて——。」

「ぼくのかたにつかまってください。」

　ユウヤは、かたをかした。しかし、思ったよりも重い。

　子どもの力でささえきれるものではなかった。

　でも、この道は人通りも少ないので、しばらく大人が通ることもなさそうだ。

　家の人やコウタに連絡しようかとも思ったが、あいにく今日は連絡できるものを持ってきていない。

「あのベンチまで——、連れていってくれるかな——。」

　おじいさんは、道の先にあるベンチを指さした。

　ベンチは、かなり遠い。そこまで連れていくならば、きっとバスには乗れないだろう。

　その次のバスが来るのは、30分後だ。

「おじいさん、あのう——。」

「すまんなあ。こんな、小さな子にめいわくをかけるなん
て——。」

ユウヤは、どうするべきでしょうか。あなたの考えと理由を
書きましょう。

話し合って考えたことを書きましょう。

# テレホンカード

年　　組（　　　　　　　　　　）

「これは、何だろう？」

　サトシは前から、その建物が気になっていた。

　ガラスばりで、中には電話みたいなものがある。でも、だれも使っているところを見たことがない。

　その日も、ぼんやりながめていると、近所に住むおじいさんが話しかけてきた。

「めずらしいのかい。そうだろうな。最近では、少なくなってきたからね。これは、電話ボックスだよ。」

「ここで、電話をするのですか？」

「そうだよ。相手の家の電話番号を回して、電話をかけるんだ。この町には、電話ボックスがなかったから、市役所にうったえ出て、長い長い年月をかけて、ようやく建ててもらったんだ。おかげで、遠くの人とも話せるようになったんだ。」

「へえ――、すごいですね。」

「そうだ、テレホンカードをあげよう。このカードさえあれば、お金がなくても、電話をかけることができるんだ。ほら、君も必要だろう？」

　おじいさんは、サトシに灰色のカードを差し出して見せた。

——でも、サトシは人の電話番号を１つも知らない。

第一、家でも電話をかけたことがない。

おじいさんは、ほほえみながらカードをさしだしてくる。もらっても、かけられないのだから意味がない。でも、受け取らないのも、なんだか悪いし——。

サトシは、おじいさんにどう伝えるべきでしょうか。あなたの考えと理由を書きましょう。

```
.........................................................................
.........................................................................
```

話し合って考えたことを書きましょう。

```
.........................................................................
.........................................................................
```

# あいさつ

年　　組（　　　　　　　）

「学校の外では、知らない人に話しかけられても無視しましょう。不審者は、どこにいるか分かりませんからね。」

　先生からは、そう言われている。

　最近、不審者のことがよく報道されている。このあたりにも時々あらわれるらしいから、気をつけないといけないな、と思う。

　下校の途中で、家の近くまで来ると、スーツすがたの男の人がいた。

「マユミちゃんじゃないか。こんにちは。お母さんの職場の上司の山田です。大きくなったね。むかし、小さかったころに、おんぶしてあげたこと、覚えているかな。」

「えっと──。」

　なんとなく、見覚えがあるような気がした。こんにちは、と言いかけたところで、マユミは先生の言葉を思い出した。

　目の前の男性は、どちらかというと知らない人だ。お母さんの職場の人と言っているが、うそかもしれない。

　でも──。無視すれば、お母さんの上司だというのに、失礼じゃないだろうか。「おたくのむすめに無視をされた」だなんて、お母さんがひどいあつかいを受けてしまうかもしれ

ない。それはそれで、お
母さんがかわいそうだ。

　マユミは、あいさつしたほうがよいのか、無視<sup>むし</sup>して家に帰
るか、どうすればよいのか考えた。

マユミは、あいさつするべきでしょうか。無視<sup>むし</sup>するべきで
しょうか。あなたの考えと理由<sup>りゆう</sup>を書きましょう。

話し合って考えたことを書きましょう。

# 自転車めんきょ

年　　組（　　　　　　　　　　　）

「さようなら！」

「また明日ね！」

　みんなが急いで帰るなか、ソウヤは、ゆったりと帰りの準備をしていた。家に帰っても、お父さんもお母さんも仕事でいない。おまけに、家の近くには友達も住んでいないものだから、遊び相手もいないのだ。だから、早く帰っても仕方がない。

　今日も１人で、ゲームでもやろうかな――。

「ソウヤ！　今日、一緒に遊ばないか？」

　後ろから急に声をかけられた。仲良しのケンスケだ。

「もちろん、いいけど。」

「じゃあ、そっちに行くから待っててよ。」

　家の近所の公園で待っていると、ケンスケが本当にやってきた。サッカーをしたり、かくれんぼをしたりして、楽しくすごした。ソウヤはうれしかった。友達と遊べることが、こんなに楽しいなんて。

　その日の夜は、ワクワクしながらふとんにもぐった。

　ふと、ケンスケが来たときのことを思い出した。

　ケンスケは、自転車でやってきていた。でも、この学校で

は、自転車めんきょに合格しなければ、自転車に乗ってはいけない決まりになっている。３年生で合格している人は、まだ

１人もいないはずだ。つまりケンスケは、決まりをやぶってソウヤの家に来ていたのだ。

　次の日、学校でケンスケと会った。

　ケンスケは笑顔で話しかけてきた。

「昨日は楽しかったな！　今日の放課後も遊ぼうよ。ソウヤの家は、ちょっと遠いけど、また自転車で行くからさ！」

ソウヤは、どう答えるべきでしょうか。あなたの考えと理由を書きましょう。

話し合って考えたことを書きましょう。

# ヘチマのお世話

年　　組（　　　　　　　　　　）

　ユキとナナミは、飼育係だ。ナナミは、毎日昼休みにヘチマの水やりに行っている。

　ユキは、「ナナミは、植物のお世話が好きなんだな。」と思っていた。ナナミが毎日やってくれているので、水やりをする必要はなかった。ユキは、ときどきヘチマの様子を見に行って、雑草をぬくなどの作業をしていた。

　あるとき、ナナミと仲の良いカエが、こんなことを言ってきた。

「ユキちゃん、飼育係の仕事、ちゃんとやった方がいいよ。ナナミちゃん、ユキちゃんにおこっていたよ。」

「ええっ？　どうして？」

「『わたしばっかり水やりしている。』って言っていたよ。せめて、『いつもありがとう。』とか、お礼くらい言ったほうがいいんじゃないかな。」

　ユキはおどろいた。ナナミが、そんな風に思っていたなんて――。

　たしかに、ナナミは毎日水やりをやってくれている。

　ナナミに、お礼を言うべきなのだろう。

　でも、ユキだって、草むしりをやっている。

　そのことを、ナナミは
知らないのだ。

　おこられるのは、ちがうと思うし、お礼を言おうにもモヤ
モヤする。気づくと、文句も言いたくなってきた。

ユキは、ナナミにお礼を伝えるべきでしょうか。あなたの考えと理由を書きましょう。

話し合って考えたことを書きましょう。

# 廊下と男の子

年　　組（　　　　　　　　　）

「廊下を走ってはいけません。廊下を走ると、人とぶつかって、大ケガをするおそれがあります。」

　全校朝会の校長先生の話を聞いて、マモルは「たしかにその通りだな」と思った。急に角から人が飛び出してきて、ぶつかりかけたことがある。話によると、ぶつかって、歯が折れた人もいるらしい。

　ああ、おそろしい。廊下を走るのは、絶対にダメだな。


　昼休みになったので、マモルは鉄ぼうで遊ぶことにした。最近は鉄棒が人気で、低学年の子も、必死でさかあがりの練習をしている。

「うわーん！」

　急に、となりから泣き声がした。

　見れば、1年生らしい小さな男の子が、全身すなまみれになっていた。鼻から血を出していて、ひざもすりむいている。どうやら、さかあがりをしようといきおいをつけて、手がすべって落ちたようだ。あわててマモルはかけ寄った。

「ちょっと、君、だいじょうぶ？」

「うわーん！！」

これは大ケガだ。マモルは、「すぐに保健室の先生を呼んでくるから！」とかけだした。廊下のずっと先に、保健室がある。ちょっとでも早く、保健の先生をよばなければ。廊下を走っていると、近くの先生が「廊下は、走らないよ！」と言った。

マモルは、ふと校長先生の話を思い出した。

マモルは、このまま廊下を走るべきでしょうか。それとも、歩くべきでしょうか。あなたの考えと理由を書きましょう。

話し合って考えたことを書きましょう。

年　　組（　　　　　　　　　）

　サナは、ケイとコナツといつも一緒。仲良し3人組だ。

　コナツが席をはなれたときに、ケイがてい案してきた。

「ねえ、コナツってさ、もうすぐ誕生日だよね。」

「そうだね。わたしたちの誕生日もお祝いしてくれたし、何
　　かしてあげないとね。」

「うちで、お誕生日会をやろうよ。ケイがおどろくように、
　　ケーキなんかも用意したいな。」

「いいね。さっそく計画を立てよう！」

　コナツがもどってきた。

「なになに？　楽しそうね。何の話をしてたの？」

「うーん、内緒！」

　サナとケイは、一緒になって笑った。しばらく、こっそり
と計画を進めた。コナツの好きな誕生日プレゼントも用意し
た。でも、日を追うごとに、コナツは不機嫌になった。不思
議に思ったサナは、コナツにたずねた。

「コナツ、どうしたの？　このごろ、なんだか変だよ？」

「——どっちが変なのよ！　2人でばっかり、こそこそ話を
　　して。ずっと3人で楽しくやっていたのに。私だけ仲間は
　　ずれにするなんて、ひどいじゃない！」

コナツにいやな思いをさせているとは思っていなかったので、サナは申しわけない気持ちになった。サナは、ケイにそのことを伝えてみた。ケイは強い口調で言った。

「──でも、今、本当のことを話してしまったら、せっかくのじゅんびが台無しじゃない。あと3日だけ、がまんしてもらおうよ。そうすれば、よろこびも2倍、3倍になるはずだよ！」

　サナは、今すぐ話すべきか、だまっておくべきか考えた。

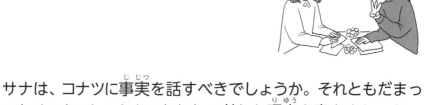

サナは、コナツに事実を話すべきでしょうか。それともだまっておくべきでしょうか。あなたの考えと理由を書きましょう。

```



```

話し合って考えたことを書きましょう。

```



```

年　　組（　　　　　　　　　）

　ナオキは、今日の日直だ。

　日直の仕事は、けっこういろいろある。

　まどを開けて、黒板を消して、朝の会と帰りの会の司会を
やる。それから、放課後の黒板を明日のためにきれいにする
のが、主な仕事だ。

　何とか一通りやりとげた。あとは、放課後の黒板消しだけ
だ。

　黒板消しを持ち、黒板に向かったときに、ふと思い出した。

　ああっ、そうだった！

　今日は、早く帰らなきゃいけない日だ。

　友達と一緒に、近所の川につりに行く約束をしていたのだ。

「ナオキは、いつもちこくするんだから。今回はおくれない
　でくれよ。」

「分かった、分かった！　今日は絶対におくれないよ！」

　そうやって約束したばかりなのに。ああ、しまった！

　時計を見てみると、今から帰ればなんとかギリギリ間に合
う時間だ。あとは黒板を消すだけだけれども――。

　黒板には、たくさんの言葉が書かれている。

　これを全部きれいに消すには、５分くらいはかかってしま

うだろう。

「このくらいなら、明日の朝早く来て消せばいいんじゃない
　か？　でも、今日やらなきゃいけない仕事だしなあ――。」
　ナオキは、どう行動すればいいのか考えた。


ナオキは、すぐに帰るべきでしょうか。それとも、黒板を消
すべきでしょうか。あなたの考えと理由を書きましょう。

話し合って考えたことを書きましょう。

# ソフトボール

年　　組（　　　　　　　）

　ススムは、夏休みに行われるソフトボールの練習にはげんでいた。

　大会の日が近づいてきたので、となり町のチームと練習試合をすることになった。コーチが言った。

「いいか、今日の３時にグラウンドに集合だ。絶対におくれちゃダメだぞ！」

　帰り道に、友達はコウタに声をかけてきた。

「ススム、ピッチャーはお前だけなんだから、絶対におくれないでくれよ。」

「もちろん、分かってるよ！」

　ススムは、返事をして家に帰った。

　家に着くと、お母さんが急いで身支度をしていた。

「ススム、おかえり！　ちょっと、お母さん出かけてくるから、ユアちゃんの子守をお願いするわね。」

　ユアちゃんというのは、まだ１さいの妹だ。

「ええっ──。でも、ぼく、３時からソフトボールの試合なんだけど。」

「だいじょうぶよ、そのころには帰って来るから。よろしくね。」

そう言って、お母さんは出て行ってしまった。

2時になった。お母さんはまだ帰ってこない。

2時40分。いよいよ心配になってきて、お母さんにメールを送ってみる。

返事が来ない。ススムは、そわそわとして落ち着かなかった。

とうとう、3時になってしまった。

「どうしよう――。ぼくがいないと、試合は始まらない。でも、ユアちゃんも置いていくことはできない。こんな暑いグラウンドに連れていくこともできないし――。」

## ススムは、どうするべきでしょうか。あなたの考えと理由を書きましょう。

| |
|---|
| |

## 話し合って考えたことを書きましょう。

| |
|---|
| |

# わたしがガマンすれば

年　　組（　　　　　　　　）

　ミサエの学級は、みんな仲良しだ。学校でも一緒に遊ぶし、放課後だって、みんなで遊んでいる。

　ほかの学級の先生も、「あの学級は仲良しでいいわね。」だなんて、ほめてくれるくらいなのだ。

　帰りの会の後、学級委員のソウシがみんなによびかけた。

「おおい、今日はタコツボ公園に４時集合な！」

「今日はドッジボールをやろうよ！」

「いいねえ！」

　みんな、楽しそうに受け答えをする。

　でも、正直いって、ミサエは乗り気じゃなかった。

　もちろん、「この学級がきらい！」というわけではないけれど──。

　ミサエは最近、家でギターの練習をしている。新しい曲の練習がしたくて仕方がないのだ。みんなと遊んでいたら、ギターを練習する時間がなくなってしまう。

　さらにいえば、ドッジボールが全く好きではない。好きではないことに時間を使うのがいやなのだ。

　帰り道でも、友達がさそいかけてきた。

「ねえ、ミサエちゃんも行くんでしょう？」

「全員そろうからこそ、楽しいんじゃないか！」

　どうしよう──。でも、みんなの楽しみをうばってしまうのも悪いんじゃないか。ほんの少しだけガマンすれば、それだけでみんなは楽しい思いができるのだ。

　ミサエは、「わたしは──。」と言って、だまりこんでしまった。

ミサエは、家でギターをするべきでしょうか。それとも、みんなと一緒に遊ぶべきでしょうか。あなたの考えと理由を書きましょう。

話し合って考えたことを書きましょう。

年　　組（　　　　　　　　　　）

今日は、お正月。キッペイはウキウキしていた。

親戚（しんせき）みんなで集（あつ）まって、新年のあいさつをした。

いとこたちとも、ひさしぶりにあうことができた。

公園に行って、たこあげをした。速（はや）く走ると、とっても高く飛（と）ぶ。キッペイは、あせだくになって楽しんだ。

家に着くと、ドッとつかれが出てきた。

「ああ、つかれた。お風呂に入って、早くねむりたいな。」

「今日は、お風呂（ふろ）は入れないよ。」

お母さんの言葉（ことば）におどろいた。

「ええっ？　どうして？」

「縁起（えんぎ）が悪（わる）いからだよ。むかしはお風呂（ふろ）に入るとき、まきをもやしてかまどに火をつける必要（ひつよう）があったんだ。かまどに火を入れないことで、かまどの神様（かみさま）をむかえ入れるの。お風呂（ふろ）に入ると、水に流（なが）してしまうことになるから、正月はお風呂（ふろ）に入らないんだよ。」

「でも——。今はまきなんて使（つか）わないのに。」

「伝統（でんとう）って、そういうものよ。お風呂（ふろ）は明日以降（いこう）に入りなさい。」

「うーん、でも——。」

伝統かあ──。

伝統は大事かもしれない

けれども、走り回って、

あせをいっぱいかいたんだし、今日はお風呂に入りたい。

キッペイは、お風呂に入るべきでしょうか。入らないべきでしょうか。あなたの考えと理由を書きましょう。

話し合って考えたことを書きましょう。

# サリーのピアス

年　　組（　　　　　　　　　）

　ユキホは学級委員だ。だから、学級のルールを守らない人には、きびしく言う。

「ちょっと、ハルト。シャープペンシルを持ってくるのは禁止なんだよ！」

「ちえっ、ユキホはきびしいんだから。」

　きびしく言うことで、みんながルールを守る。すると、気持ちよくすごせるようになる。それって、すてきなことじゃないかなと、ユキホはいつも思うのだ。

　あるとき、クラスに転校生がやってきた。イギリスからやってきたサリーだ。

「こんにちは。今日からよろしく。」

　お母さんが日本人、お父さんがイギリス人のハーフで、日本語もペラペラだ。サリーは日本のアニメが好きで、とてもくわしかった。ユキホとサリーは、たちまち仲良くなった。

　休み時間に、ハルトが言った。

「サリー、耳につけているの、それは何？」

「これはピアスよ。」

「そういう学校に要らないものは、つけてきたらダメなんだぜ。」

「でも、イギリスではこれが普通だったし、宝物だから。」

サリーはうつむいてしまった。

ハルトは、たたみかけるように言う。

「学校には、ルールがあるんだよ。それを守らないと。なあ、ユキホからも、学級委員として言ってやってくれよ。」

ユキホは、うつむいているサリーの顔を見た。

ユキホは、サリーに「ピアスをつけてもいい。」と言うべきでしょうか。それとも「つけてはいけない。」と言うべきでしょうか。あなたの考えと理由を書きましょう。

話し合って考えたことを書きましょう。

## モラルジレンマ教材作成にあたって

　モラルジレンマの物語を作成するにあたり、重視したのは、「どちらの選択肢を選んでも、道徳的に大きな過ちではない」ようにすることです。物語の中では2つ以上の行動の選択肢が生じるようにするのですが、一方の行動があまりにも道徳的に逸脱した回答であれば、子どもの道徳性の悪化を生じさせることにもなりかねません。たとえば、「善悪の判断、自律、自由と責任」×「友情、信頼」の話で、次のような話は成立するでしょうか。

　タロウは、コウジと一緒に学校から帰っていた。

　コウジはとつぜん、こんな提案をしてきた。

「なあ、クラスのミキヒサ、最近生意気なんだよ。いじめてやろうと思うんだけど、タロウもやろうぜ。」

　タロウは、「いじめはいけない。」と思った。でも、コウジは大切な親友だし――。

　●タロウはどうするべきでしょうか。考えと理由を書きましょう。

　このような話があったとすれば、一定数の子どもたちは「コウジとの友情を重んじて、いじめるべきだ。」と考えを持ってしまうことでしょう。「いじめるべき」という立場に立って討論に臨むことになります。

　しかし、その考え方は身につけてはならないのです。いじめを肯定しているわけですから。そのため、このお話はモラルジレンマ教材としては「不適切」ということになります。このように、相反する価値観も、一方が道徳的な範囲を大きく逸脱することがないように教材文を作成しました。

　なお、「真理の探究」「生命の尊さ」「自然愛護」「感動、畏敬の念」「よりよく生きる喜び」の5つの内容項目に関しては、学校教育で取り扱える範囲の葛藤を生じさせることが困難であるため、モラルジレンマ教材を設定していません。これらについては、読み物や映像などの教材を中心にして授業を展開するのが望ましいでしょう。

# 教材プリント

## 高学年編

年　　組（　　　　　　　　　　）

　カズエとナオコは、いつも仲良しだった。

　家も近所で、クラスだって2年間連続で同じなのだ。だから、いつも一緒（いっしょ）に遊んでいた。

　その日の授業は理科室で実験だった。カズエは、ナオコが準備（じゅんび）するのを待っていた。ほかの子は、みんなすでに理科室へと向かっていた。

「ごめんね、お待たせ！」

「うん。早く行かないと、おくれちゃうよ。」

　ナオコが、こちらに向かってかけ出したところで、ボンと教卓（きょうたく）横のたなにひじがあたった。すると、たなの上に置かれていた花瓶（かびん）がたおれて、ゆかに落ちた。

　花瓶（かびん）は、ゴツリと音を立てた。割（わ）れてこそいないけれども、大きなヒビが入ってしまった。ナオコは真っ青になった。

「ああっ、どうしよう。先生、おこるかな。弁償（べんしょう）かな――。」

「正直に言ったら、許（ゆる）してもらえるんじゃない？」

「イヤ。おこられたくないもの。それに、病気で働けないお母さんにも迷惑（めいわく）をかけたくないの。カズエ、お願い。だまっていて。」

次の日の学級会で、先生はみんなに向かって言った。

「花瓶にヒビが入っていて、使えなくなってしまいました。

誰か、知っている人はいませんか。」

カズエは、ナオコの方をこっそりと見た。ナオコは泣きそうな顔でうつむいていた。

カズエは、どうするべきでしょうか。あなたの考えと理由を書きましょう。

| |
|---|
| |

話し合って考えたことを書きましょう。

| |
|---|
| |

年　　組（　　　　　　　　　　）


　4さいの弟が、字を書けるようになった。

「見て、見て！　こんな漢字が書けるようになったんだよ！」

「本当だ。すごいねえ。」

　アイは、弟のことをほめた。

　でも、本当はちがう。

　弟の字は、ほとんど間違っている。ひらがながさかさまに
なっていたり、点を2つ打っていたりして、どこかしらちがっ
ているのだ。

　お母さんも、弟の間違いを指摘しなかった。お母さんは、
こっそりとアイに言っていた。

「字を書こうとがんばっている、それだけでもすごいんだか
　ら。アイも、ほめてあげてね。」


　ある日、弟が泣きながら帰ってきた。

「幼稚園の友達が、ぼくの字を見てバカにするんだ。ぼくの
　字が、全部間違っているんだって。」

「そうなんだ。ひどいことを言うねえ。」

「ねえ——。ぼくの字って、間違ってないよね？」

　アイは、「間違っている。」と伝えるべきか、「間違ってい

きょう、
ぼくは

ないよ。」と伝えるべきかを考えた。

アイは、「間違っている。」「間違っていない。」どちらを伝えるべきでしょうか。あなたの考えと理由を書きましょう。

話し合って考えたことを書きましょう。

**36** 節度、節制 × 友情

# スマホがやめられない

年　　組（　　　　　　　　）

「今日も、放課後の遊び、すごく楽しかったね。」

「また３人で遊びたいね。」

「うん。今度は人形を持って行くね。」

　スタンプがおされる。かわいいスタンプだ。

　なかよし３人組で、スマホのやりとりをしていると、時間が経つのも忘れてしまう。

　マキは、いつでもスマホを手ばなさない。ご飯を食べるときも、お風呂でも、ねるときでも、ずっとスマホを近くにおいている。

　だって、いつ連絡が来るのか分からないし、すぐに返信しないと友達に悪いじゃない？

「いい加減にしなさいよ！　勉強もやらずに、何をやっているの。習い事にも、ぜんぜん行かなくなってしまったし──。」

　お母さんはおこっていた。たしかに自分でも、さすがにこのままじゃダメだな、とは思っている。

　スマホを机の引き出しの中に入れて、勉強を始めた。

　でも、５分経ったところで、ユイナのことを思い出した。

　ユイナは、返信をしなかったら、次の日に機嫌が悪くなってしまう。友達に、いやな思いをさせたくない。きらわれた

くもない。

「ユイナが連絡をくれてい
るかもしれないな。無視
していることになってしまったら、イヤだなあ——。ちょっ
とだけ。ちょっとだけ、見てみようかな。」


マキは、どうするべきでしょうか。あなたの考えと理由を書
きましょう。

```




```

話し合って考えたことを書きましょう。

```




```

# 37 水泳記録会

年　　組（　　　　　　　　）

　ユウは、ミキと一緒に水泳を習っていた。幼いころから一緒に選手コースで活動をしている親友だ。

　あるとき、各小学校から代表を集めて水泳大会が開かれることになった。

「一緒に大会に出られるといいね。」

「そうだね！　がんばろうね！」

　２人でそう話していた。

　選手を決める日になった。ユウもミキも、全力で泳いだ。

　クロールでは、ユウが１位、ミキが２位。

　平泳ぎでは、ユウが１位で、ちがう女の子が２位だった。

　出場できる種目は、１つだけ。１種目につき、代表者は１人だけと決まっている。

　水泳のコーチは言った。

「ユウの実力なら、大会でも、クロールだったら優勝できるかもしれないな。でも、平泳ぎは、ちょっと厳しいんじゃないかな。」

　クロールで出場すれば、優勝できるかもしれないが、ミキとは一緒に出られない。

　平泳ぎで出場すれば、ミキと一緒に出られるけれども、大

した成績は見こめない。

　ユウは、どうするべきなのか考えこんだ。

ユウは、クロールと平泳ぎのどちらで出場するべきでしょうか。あなたの考えと理由を書きましょう。

|  |
| :--- |
|  |
|  |

話し合って考えたことを書きましょう。

|  |
| :--- |
|  |
|  |

# サッカーやろうぜ！

年　　組（　　　　　　　　）

「ぼくはユイトと言います。将来の夢は、サッカー選手です。」

　ユイトが、この町に引っこしてきたのは、つい1週間前だ。親の仕事の都合で引っこしてきた。

　今言った将来の夢のことは本当で、世界で活躍するサッカー選手になりたいと思っていた。そのために、有名チームに通い、毎日しっかりと練習にはげんでいる。

「ユイト、よろしく。おれはカズヤ。どこに住んでるの？」

「そこのマンションだよ。」

「うそ、俺の家も近いじゃん！」

　カズヤとひとしきり盛り上がった。

「じゃあ、一緒にサッカーやろうぜ！　明日は土曜日だから、昼過ぎからみんなでサッカーやるんだ。学校の前の公園に来てくれよ。それだけ練習しているんだったら、即戦力だよ。」

「もちろん、いいよ！」

「じゃあ、また公園でな！」

　ユイトは、ワクワクしながら家に帰った。友達ができるかどうか、不安だったのだ。どうやら、友達ができそうな気がする。

ふと、カレンダーを見て、ユイトは「あっ！」と声をあげた。

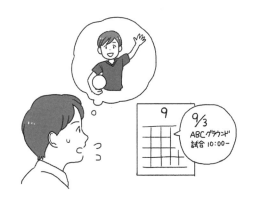

　忘れていた。明日は、大事な試合があるんだった。遠くで試合なので、一日中出かけている。公園になんて行ってられない。でも、カズヤの連絡先も家も、分からない。
「どうしよう——。」
　新しくできた友達を選ぶべきか、それとも大事なサッカーの試合を選ぶべきか。ユイトは頭をかかえた。

ユイトは、どうするべきでしょうか。あなたの考えと理由を書きましょう。

　　　　　　　　　　　　　　　　　　　　　　　　　　　　　　
－－－－－－－－－－－－－－－－－－－－－－－－－－－－－－－
　　　　　　　　　　　　　　　　　　　　　　　　　　　　　　
－－－－－－－－－－－－－－－－－－－－－－－－－－－－－－－
　　　　　　　　　　　　　　　　　　　　　　　　　　　　　　

話し合って考えたことを書きましょう。

　　　　　　　　　　　　　　　　　　　　　　　　　　　　　　
－－－－－－－－－－－－－－－－－－－－－－－－－－－－－－－
　　　　　　　　　　　　　　　　　　　　　　　　　　　　　　
－－－－－－－－－－－－－－－－－－－－－－－－－－－－－－－

年　　組（　　　　　　　）

　トムは、城の門番を務めている。トムの守る門には、1つのきまりがある。

　それは、「戦いに出るとき以外には、決して門を開けてはならない」という厳しいきまりである。

　このきまりは、むかし、戦いの最中に門を開けてしまって敵にせめこまれてしまったことから、この国の前の王様が決めたのだ。きまりを破れば、門番は重いけいばつを受けることになっている。牢屋にたたきこまれるのだ。トムは、城を守るためにも、「何があっても門を開けるまい。」と心に決めていた。

　ある夜、トムが門番として立っていると、門の外から声が聞こえてきた。

「門を開けろ！」

　どうやら、王様の声のようだ。トムは、おどろいて返事をした。

「王様ですか。いったい、どうなさいましたか。」

「私は、裏口からこっそりかりに出かけていたのだが、ひどいけがを負ってしまった。今すぐ治療しなければ、ただではすまないだろう。早く、この門を開け！　命令だぞ！」

　王の命令は、絶対で
ある。しかし、この門
を開けるのは「戦いに出るとき」だけなのだ。今は、その
ときではない。だけど、このままでは——。
　トムは、門を開くべきかどうかを考えた。

トムは、門を開くべきでしょうか。開かないべきでしょう
か。あなたの考えと理由を書きましょう。

```
..........................................................................................
..........................................................................................
```

話し合って考えたことを書きましょう。

```
..........................................................................................
..........................................................................................
```

# 扇子
せんす

年　　組（　　　　　　　　）

「学校の外で、知らない人に声をかけられても、返事をして
はいけません。すぐににげるか、大きな声を出しましょう。
声が出なければ、防犯ブザーを鳴らしましょう。」
ぼうはん

　学校でも家でも、いつもそう習っている。それがきまりな
のだ。特に、友達とはなれて、１人で下校する道になると、
トモアキは周囲に気をつけている。
しゅうい

　不審者はどこからやってくるか分からない。気をつけて、
ふしん
道草をせずに、できるだけ早足で歩くようにしている。

　それにしても──。

　今日は暑い。頭がクラクラして、今にもたおれそうだ。

「だいじょうぶ？　真っ青だけど。」

　とつぜん声をかけられた。顔をあげると、正面におじい
さんがいた。ニコニコと笑っている。「ちょっと休んだら？
ほら、ここの木かげで。」

　トモアキは、おじいさんにさそわれるままに、木かげに入っ
た。

「最近は、めっきり暑いからねえ。」

　おじいさんは、パタパタと扇子であおいでくれた。風が心
せんす
地よかった。しばらくすると、頭がスッキリとしてきた。

「おや、マシになったかい？」

すごく楽になってきた。「ありがとうございます。」と言おうとしたところで、ふと気づいた。

このおじいさんも、まったく知らない人なのだ。話しかけてもいいものだろうか。

トモアキは、おじいさんにお礼を言うべきでしょうか。言わずに去るべきでしょうか。あなたの考えと理由を書きましょう。

<br>
<br>

話し合って考えたことを書きましょう。

# 席をゆずる

年　　組（　　　　　　　　）

「お年寄りには席をゆずりましょう。」

学校でそう習ったし、家でもお父さんがよく言っている。

私自身も、そうしなければいけないと思っている。

でも――。この状況では、どうすればいいのだろう。

チエは、ダンスの習い事に向かうために、バスに乗っていた。チエの家からバス停までは、けっこうきょりがあるので、座れてホッとした。

次のバス停に到着すると、おばあさんが乗ってきた。としは、たぶん、60さいくらい。

ジャージを着ていて、今から登山かどこかに行くようで、どこからどう見ても体は元気そうだ。

マナーとしては、ゆずるべきだろう。

でも、「お年寄り」としてあつかうことで、イヤな気持ちをあたえてしまうかもしれない。「私が老人に見えるって言うの？」っておこられるかもしれない。そんな気持ちにさせちゃったら、イヤだな。

でも、マナーだし、ゆずらないと――。

そうこう考えている間に、「バスが発車します。」というア

ナウンスがあった。
　伝えるなら、今しかない。

チエは、席をゆずるべきでしょうか。あなたの考えと理由を
書きましょう。

```



```

話し合って考えたことを書きましょう。

```



```

# お見舞い

年　　組（　　　　　　　　）

　ハルコとトモミは、仲良しだった。

　あるとき、トモミは足の骨を折ってしまって、3週間入院することになった。

　面会できるのは月曜日だけだったので、毎週お見舞いに行くことを約束した。

「絶対、お見舞いに行くからね。」

「ありがとう。いそがしいのに、ごめんね。」

「ううん。私も楽しみにしているんだから。」

　学校から帰って、お見舞いに行く準備を始めた。

「みんなからの色紙も入れたし、準備万端。あれ——？

　120円、足りないな。」

　財布のお金が足りなかった。病院まで、電車に乗って行かなければいけないのに。

　今日は親が仕事なので、家にはだれもいない。そのとき、ハルコは思い出した。

「お母さん、貯金箱に小銭を貯めていたな——。」

　貯金箱をふると、ジャラジャラと音がする。これは、「チリも積もれば山となるって言うからね。おつりを貯めているの。」と、お母さんが楽しみながらやっている貯金だ。前に

一度だけ、お母さんは厳しく言っていた。

「これは大事なお金だからね。だまって使わないでよ。どうしても必要だったら、事前に言ってちょうだいね。」

お母さんに電話をしてみるが、出てくれない。

　このお金は、勝手に使ってはいけない。しかし、この貯金を使わなければ、今日のお見舞いには行けない。あとで返せば、お母さんもきっとわかってくれるだろう。でも──。

ハルコは、どうするべきでしょうか。あなたの考えと理由を書きましょう。

| |
|---|
| |

話し合って考えたことを書きましょう。

| |
|---|
| |

年　　組（　　　　　　　　）

　もう、いいかげんにしてほしい。トモコはいらだっていた。

　ミスズは、毎回遅刻してやって来る。それも、1回や2回どころではない。もう10回くらいは遅刻している。待ち合わせ時間から20分くらいおくれてやってくることもある。

　この間なんて、公園で遊ぶのに10人で待ち合わせをしていたのに、遅刻してやってきた。ミスズは両手を合わせて、申し訳なさそうに謝っていた。

「ごめん、ごめん！　本当にごめん！　ちょっと準備にバタ
　バタしていて——。もう二度とおくれないから！」

　みんなも、それを聞いて許してあげた。トモコは、「さすがに、いい加減反省したのかな。」と思っていた。

　——それなのに、今日もまたミスズはやって来ない。待ち合わせ時刻を10分間も過ぎている。今日は、小物屋さんを一緒に見に行く約束をしていたのに、これじゃあ電車にも間に合わない。

　ミスズは大事な友達だ。3年間も同じクラスで、学校ではいつも一しょにいる。おたがいになやみ相談もしているし、分かり合えていると思っている。でも、やっぱり許せない。

　ミスズが走ってやってきた。

「ごめん、ごめん！　本当に
　ごめん！　家のカギが見つ
　からなくって、困っちゃっ
　た。じゃあ、小物屋さんに
　行こう！」
　今の気持ちを伝えなけれ
ば、私は一日イライラしてしまうだろう。──でも伝えれば、
ちょっと気まずい雰囲気になる。せっかくの楽しいお出かけ
なのに、それもなんだかイヤだな──。
　トモコは、自分の気持ちを伝えようかどうか考えた。


トモコは、自分の気持ちを伝えるべきでしょうか。伝えない
べきでしょうか。あなたの考えと理由を書きましょう。


話し合って考えたことを書きましょう。

年　　組（　　　　　　　）

　潮干狩りのシーズンがやってきた。カイトは、トモキと一緒に潮干がりにやって来た。

　トモキは浜辺に出るなりさけんだ。

「たくさんとって、みんなに分けてあげるぞ！」

　つられるようにして、カイトもさけんだ。

「いいね！　よーし、がんばるぞ！」

　2人で一生懸命地面をほった。

　しかし、どうしたことか、いくらほっても貝は出てこない。

　2時間くらいほったところであきらめて、移動することにした。

　トモキは、浜辺を指さした。

「あそこの浜辺なんて、とれそうじゃない？」

「でも――。そこは、潮干がり禁止区域だよ。」

「気にしない、気にしない。みんなに喜んでもらうためなんだから。それに、潮が満ちたときに危ないから禁止されているだけで、潮が引いている今なら安全さ。」

　トモキは浜辺に出てほり始めた。

　たちまち、「やっぱりそうだ！　たくさん出てくるぞ！カイトもおいでよ！」とさけんだ。

　カイトは、シャベルをにぎったまま、どうすればいいのか
を考えた。


カイトは、どうするべきでしょうか。あなたの考えと理由を
書きましょう。

話し合って考えたことを書きましょう。

年　　組（　　　　　　　　　）

「今度の日曜日、子ども会のメンバーで公園で遊ばない？」

　ヨシオがさそいかけてみると、トウマはちょっと考え込んだ。

「いいね。――でも、中学受験をする人たちは、じゅくの勉強でいそがしいよ。だから、さそったら悪いんじゃないかな。」

「たしかに、それもそうだね。じゃあ、子ども会のメンバーで、受験しない人たちだけで遊ぼうか。」

　受験しない人たちだけに声をかけ、公園で遊ぶことにした。

　遊具でおにごっこをして、サッカーをした後、最後にみんなで集合写真をとって解散した。

　帰り道、トウマはヨシオに言った。

「今日は、楽しかったけど――。やっぱり、みんなで集まりたいよね。」

「うん。受験が終わったら、卒業までの間は、またみんなで遊べるだろう。」

「それまでのしんぼうか。みんな、うまくいくといいな。」

　事件が起こったのは、次の日のことだった。

　登校すると、ソノコがヨシオに向かっておこり始めた。

「子ども会のメンバーで遊んだのに、受験する人は呼ばなかったんだって？　一体どういうつもり？」

ソノコは、受験をひかえている子ども会の1人だ。

「ええっ？　どうして知ってるの？」

「写真を見せてもらったのよ。受験するメンバー以外で、自分たちだけで遊ぼうだなんて、どうかしているよ。私たちも、さそってくれたらいいじゃない！」

受験でいそがしいだろうから、気をつかっただけなのに──。

ヨシオは、自分がどうするべきだったのか、わからなくなってしまった。

ヨシオは、どうするべきだったのでしょうか。あなたの考えと理由を書きましょう。

話し合って考えたことを書きましょう。

勤労、公共の精神 × 規則の尊重

# プール清掃

年　　組（　　　　　　　　）

「3時になったら、教室へもどります。帰りの会をしますからね。では、清掃活動に取り組みましょう。」

　先生の合図を受けて、それぞれの分担のそうじ場所に向かった。ミエたちは、プールの清掃活動に取り組んだ。前の夏に使ってから、1年間も置いてあるものだから、よごれ具合はなかなかひどい。

　洗剤をかけて、デッキブラシでよごれを落として、水で洗い流す。ミエたちは、高学年として、みんなが気持ちよく使えるように丁ねいにそうじの活動に取り組んだ。

　時刻は3時になった。あっという間だった。

　ミエは、ほかの友達に呼びかけた。

「みんな、もうもどろうよ。3時だよ。」

　みんなは、作業の手を止めなかった。

「でも、あと少しで終わるんだ。やりきってしまおうよ。」

「それはそうなんだけど——、決まった時間なんだよ。」

「時間くらい、なんとかなるよ。」

「ダメだよ。すぐに下校時刻だし、教室で私たちがもどってくるのを、教室のみんなは待っているんだよ。」

「ミエがそう思うのなら、ミエ1人でもどりなよ。私たちは、

続けるから。」

　そう言って、みんな
は清掃をやり続けた。

　ミエは、どうすればいいのか分からなくなってしまった。

ミエは、教室にもどるべきでしょうか。それとも、清掃を続けるべきでしょうか。あなたの考えと理由を書きましょう。

話し合って考えたことを書きましょう。

年　　組（　　　　　　　　）

「あれまあ、私の薬がないわ。」
わたし

　おばあちゃんの声が聞こえたので、カズキはおどろいた。

「あと２週間分あったんじゃないの。あの薬がないと、大変
　じゃないか。」

「昨日のゴミと一緒に捨てちゃったのかもしれないねえ。」
　　　　　　いっしょ　す

　おばあちゃんは病気を持っている。その薬がなければ、夜中に発作が起こってしまう。前にお医者さんは「こういう発作が命取りになるから。必ず毎日薬を飲んでください。」と言っていた。

　病院は遠いので、いつもはお父さんやお母さんがもらってきている。よりによって、２人とも仕事で家にいない。

　カズキは時計を見た。４時だ。病院は５時までだから、ギリギリ間に合うかもしれない。

「おばあちゃん。ぼくがもらってくるよ。」

「本当かい。すまないねえ。気をつけて行っておくれよ。」

　バス停までかけていって、とび乗った。しばらく進んだと
　　　てい
ころで、思い出した。

「あっ！　財布を忘れた！」
　　　　さい ふ　わす

　急いで出てきたものだから、財布を置いてきてしまった。
　　　　　　　　　　　　　　　　さい ふ

幸い、バス代だけはリュックのポケットに入っていた。でも、お金がはらえないのでは、薬ももらえない。とはいえ、今から引き返したとすれば、病院は閉まってしまう。

　なやんでいると、前のイスの下に、黒いものが見えた。拾ってみると、財布(さいふ)だった。お金がギッシリとつまっていた。

　これがあれば、おばあちゃんの薬は買える。お金は後から入れ直して、それから交番へ届(とど)ければいいじゃないか。

　でも――。カズキは、財布(さいふ)をジッと見つめた。

## カズキは、どうするべきでしょうか。あなたの考えと理由を書きましょう。

<br>

## 話し合って考えたことを書きましょう。

年　　組（　　　　　　　　　）

「今度のあそびの時間は、多数決で決めます。」

　そういうきまりで、学級会が行われた。ツトムは学級委員として、よりよいあそびを決めようと意気ごんでいた。

「ドッジボールがいい！」

「いやいや、おにごっこだろう。」

「教室でカルタは、どうかな。」

　たくさんの意見が出ていた。挙手をして、結果が決まった。

「では、多数決の結果、おにごっこに決まりました。」

　ツトムが言うと、「ちょっと待って。」と声があがった。気の強いサチだ。

「どうしましたか？」

「多数決で決まったけど、クラスにはヨウタくんもいます。ヨウタくんにもできることを決めるべきではないですか。」

　ヨウタは下を向いている。ヨウタは、最近サッカーの練習で足を痛めてしまって、松葉づえを使っている。だから、外での運動はできない。ヨウタは、小さな声で言った。

「ぼくは――。ぼくは、いいんだよ。みんなが楽しんでいるのを、見ているよ。」

　ほかの子どもからは、不満の声があがった。

「ほら、ヨウタも言っているし。それに第一、多数決で決めるんだから、仕方ないじゃないか。」

「そうだそうだ。学級委員のツトムは、どう思うんだよ。」

　ツトムは、ヨウタの顔を見ながら、どうするべきかを考えた。

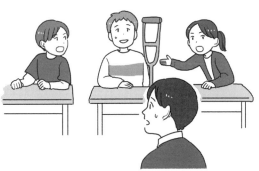

ツトムは、おにごっこに決定するべきでしょうか。あなたの考えと理由を書きましょう。

話し合って考えたことを書きましょう。

# 子ども祭り

年　　組（　　　　　　　　　）

　AB小学校の校区では、地元に伝わるお祭りがある。男子だけで神輿を引いて、神輿と神輿をぶつけ合う。それで、たおれてしまったら負けになるのだ。

　エイタは、その校区の神輿の1つを任されていた。神輿のリーダーとして、うまく進むように呼びかけていた。幼稚園のときからずっと見ていて、いつか自分もリーダーになりたいと思っていた。ようやく任された大事な役割なのだ。

　ある日の帰り道、クラスメイトのニーナに声をかけられた。

「ねえ、あの神輿って、カッコいいよね。私も引けないのかな。」

　ニーナは、1年前にアメリカから引っこしてきた。あまり地域の伝統行事についてもくわしくはない。エイタが説明した。

「いや、これは男子しか引けないんだよ。」

　ニーナは、おどろいて目を丸くした。

「ええっ？　どうして男子だけなの？　同じ6年生で、この地域に住んでいるのに？」

「どうしてかは知らないな——。そういう伝統だからじゃないの。」

「全然、意味が分からない
　よ。女子だって地域の人
　間だっていうのに。」

　エイタは、言葉につまっ
てしまった。

　確かに、なぜ男子だけし
かできないのだろうか。

　エイタの今の立場なら、上の人たちにお願いしてみること
もできる。エイタは、どうするべきかを考えた。


エイタは、ニーナの参加をお願いしに行くべきでしょうか。
あなたの考えと理由を書きましょう。

```
.............................................................................

.............................................................................
```

話し合って考えたことを書きましょう。

```
.............................................................................

.............................................................................
```

年　　組　（　　　　　　　　　　　　　）

「どこの国からやってきたの？」と聞かれることに、マケナはいい加減うんざりしていた。マケナの両親は、ケニア出身だ。

　しかし、マケナ自身は生まれも育ちも日本だから、「どこの国からやってきたのか。」と聞かれても、「日本で生まれた。」としか言いようがない。すると、相手は不思議そうな顔をする。時には、がっかりされることもある。日本で生まれながら、そんなあつかいを受けるのが、ちょっとだけ悲しかった。

　あるとき、親友のメイがお誕生日会に誘ってくれた。
「私の家でやるから、マケナも来てよ！」

　メイの家には、10人の友達がやってきた。みんなで順番にプレゼントをわたして、歌を歌って、おいしいご飯を食べた。

　食べ終わったところで、メイのお母さんがオヤツを運んできてくれた。それは、マンタジとマサラチャイだった。
「ケニアでよく食べられるオヤツだって聞いて、買ってきて　みたんだけど、どうかな？　本場の味とは、ちがうかな？」

　メイのお母さんの優しい気づかいだ。ここは、「ケニアの味と同じでおいしい。」などと答えるのがよいのだろう。

　でも、本場の味を、マケナは知らない。しかし、「知らない。」なんて言えば、がっかりさせてしまうかもしれない。とはいえ、知らないものは知らないし——。

　マケナは、どう答えればいいのか困ってしまった。

マケナは、「おいしい。」と答えるべきでしょうか。それとも、「本場の味は知らない。」と答えるべきでしょうか。あなたの考えと理由を書きましょう。

```
..............................................................
..............................................................
```

話し合って考えたことを書きましょう。

```
..............................................................
..............................................................
```

参考文献

『道徳教育を学ぶための重要項目100』
貝塚茂樹、関根明伸編／教育出版(2016)

『モラルジレンマ授業のすすめ③資料を生かしたジレンマ授業の方法』
荒木紀幸編／明治図書(1993)

『モラルジレンマ授業のすすめ④道徳性の測定と評価を生かした新道徳教育』
荒木紀幸編／明治図書(1993)

『モラルジレンマ授業を展開するための道徳学習資料集(小学校・中学校編)』
広島県立教育センター(2001)

『道徳性を発達させる授業のコツ ピアジェとコールバーグの到達点』
荒木紀幸編／北大路書房(2004)

『続 道徳教育はこうすればおもしろい―コールバーグ理論の発展とモラレジレンマ授業―』
荒木紀幸編／北大路書房(1997)

『道徳性の形成 認知発達的アプローチ』
L.コールバーグ著、永野重史訳／新曜社(1987)

『道徳性の発達と教育 コールバーグ理論の展開』
永野重史編／新曜社(1980)

『ジレンマ資料による道徳授業改革―コールバーグ理論からの提案―』
荒木紀幸編／明治図書(1990)

『Lawrence Kohlberg's theory of moral development in philosophical perspective and the implications for education』
Robert P. Craig/U.M.I.(1973)

三好真史（みよし・しんじ）

堺市立小学校教諭。令和4年度より、京都大学大学院教育学研究科に在籍。教育サークル「ふくえくぼの会」代表。メンタル心理カウンセラー。
著書に『意見が飛び交う!体験から学べる!道徳あそび101』（学陽書房）、『教師の言葉かけ大全』（東洋館出版社）、『指名なし討論入門』（フォーラム・A）などがある。

考え、議論したくなる！
# 道徳授業教材プリント 小学校編

学芸みらい社

2024 年 1 月 30 日　初版発行

| | |
|---|---|
| 著者 | 三好信史 |
| 発行者 | 小島直人 |
| 発行所 | 株式会社　学芸みらい社 |
| | 〒162-0833 東京都新宿区箪笥町 31 番 箪笥町 SK ビル 3F |
| | 電話番号 03-5227-1266 |
| | https://www.gakugeimirai.jp/ |
| | e-mail：info@gakugeimirai.jp |
| 印刷所・製本所 | 藤原印刷株式会社 |
| 企画・編集 | 阪井一仁 |
| 校正 | 藤井正一郎 |
| 装幀デザイン・本文組版 | 児崎雅淑 (LiGHTHOUSE) |
| イラスト | 山下純子 |

ISBN 978-4-86757-042-5 C3037

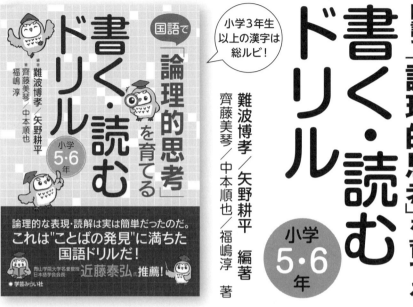